Sigata Ange TIENDAGA

NE LAISSEZ PLUS LES DETTES VOUS CONTRÔLER !

Sigata Ange TIENDAGA

NE LAISSEZ PLUS LES DETTES VOUS CONTRÔLER !

Éditions Vie

Imprint
Any brand names and product names mentioned in this book are subject to trademark, brand or patent protection and are trademarks or registered trademarks of their respective holders. The use of brand names, product names, common names, trade names, product descriptions etc. even without a particular marking in this work is in no way to be construed to mean that such names may be regarded as unrestricted in respect of trademark and brand protection legislation and could thus be used by anyone.

Cover image: www.ingimage.com

Publisher:
Éditions Vie
is a trademark of
Dodo Books Indian Ocean Ltd. and OmniScriptum S.R.L publishing group

120 High Road, East Finchley, London, N2 9ED, United Kingdom
Str. Armeneasca 28/1, office 1, Chisinau MD-2012, Republic of Moldova, Europe
Printed at: see last page
ISBN: 978-613-9-59256-2

AVANT-PROPOS

Cher lecteur

Si vous lisez ces lignes, c'est que vous êtes **probablement** confronté à la problématique des dettes. Vous vous sentez peut-être submergé par les échéances, les intérêts et les frais qui s'accumulent, et vous avez peut-être l'impression que les dettes **vous contrôlent**.

Sachez que vous n'êtes pas seul dans cette situation. De nombreuses personnes connaissent les doutes, les angoisses et les incertitudes que peuvent provoquer les dettes. Mais sachez aussi que cette situation n'est pas irrémédiable. Il est possible de se libérer des dettes et de retrouver la liberté financière.

C'est pour cette raison que j'ai écrit ce livre.

Je veux vous aider à comprendre les dettes, à les gérer efficacement et à les éliminer progressivement.

Je veux vous montrer que vous pouvez vous libérer des dettes et retrouver la paix financière.

Dans les pages qui suivent, vous trouverez des conseils pratiques, des astuces et des solutions concrètes pour sortir de la spirale des dettes. Vous y découvrirez l'histoire de Curtis, qui progressivement (en moins de 3 années) a réussi à reprendre le contrôle sur ses dettes ; mais aussi, vous découvrirez comment la perte de contrôle peut être dramatique et agir sur votre santé physique et mentale...

Vous découvrirez encore comment évaluer votre situation financière, comment établir un budget, comment négocier avec vos créanciers et comment utiliser les outils et les ressources disponibles pour retrouver l'équilibre financier.

Et pour finir, je vous partagerai en Bonus, **LE SECRET** que détiennent les Champions de la Dette. Un Secret qui permet à toutes ces personnes « riches et endettées » de mettre la Dette à leur service, et non d'être au service de la Dette.
Il s'agit d'un Secret que j'ai découvert après 10 années de pratiques bancaires à différents postes clé connexes au Crédit, qui est jusque-là méconnu du grand public et de la plupart des Banquiers eux-mêmes, et que je vous offre en cadeau car, comme le dit si bien Sacha Boudjema,
*« La connaissance **est** la **seule** chose **qui** s'accroit lorsqu'on la **partage**. »*
Je ne m'appauvris donc pas en vous le dévoilant.

Ne laissez plus les dettes vous contrôler ! Prenez votre destin en main, et suivez les étapes que je vous propose dans ce livre. Vous verrez que vous pouvez retrouver le sourire et la sérénité en gérant vos finances de manière responsable et efficace puis en investissant comme un Pro de l'investissement.
Bonne lecture !

INTRODUCTION

Vous avez résisté à un Black Friday ou à une offre promotionnelle alléchante (-35%, -50%) de votre boutique préférée et n'avez pas cédé à la fièvre acheteuse des fins d'année. L'anticipation des fêtes vous avait néanmoins fait mettre la main au portefeuille ... juste avant que votre télévision ne décide de vous lâcher !

Bien entendu, vous avez pesé le pour et le contre d'une nouvelle télévision, vous avez fait votre budget des fêtes de fin d'année et des prochains mois et vous avez même refusé de renouveler un contrat d'assurance IARD (Incendie – Accident Risques Divers) sachant qu'aucun sinistre n'est survenu durant la période de couverture et que d'ailleurs, la prime d'assurance est chère. De plus, comme vous observez des taux d'intérêts bas, **vous avez signé ce contrat de vente à crédit pour une belle télé 4K et Led à 500 000 Francs CFA**.

Dans cette situation, et au moment précis de passer à la caisse, beaucoup de gens connaissent bien les caractéristiques de la télé qu'ils achètent. Un certain nombre (plus petit) a également pris connaissance des spécificités du crédit, mais **la majorité des acheteurs n'ont aucune idée quant au fait de savoir s'ils se sont bien ou malendettés !**

Avant de parler de « surendettement », qui correspond à un état chronique nécessitant un véritable plan de redressement, il convient de décrire l'état qui précède souvent cette situation.

On le qualifiera de « **malendettement** ».

C'est une situation instable et délicate mais pas irréversible.

Lorsqu'une dérive des comptes du ménage apparaît, elle n'est pas perçue par le ménage lui-même comme irréversible ni même insoluble. C'est dans ces moments-là que le recours au découvert[1], puis au « crédit revolving »[2] est utilisé comme une véritable solution miracle destinée à mettre un terme au déséquilibre budgétaire.

Or, le recours au crédit pour éponger une dette ou un déficit s'avère un remède pire que le mal lui-même : il donne une illusion temporaire d'un mieux-être, voire ouvre des perspectives nouvelles de dépenses qui vont creuser le déséquilibre qui ne devrait jamais être né **entre ressources et dépenses**.

L'illusion est éphémère : l'emprunt, quel que soit le taux auquel il est contracté, vient alourdir la charge et donc accentuer la difficulté. Nous verrons plus loin que les taux des organismes qui vous « disent oui » quand les autres refusent sont plus qu'exorbitants.

Ils frisent littéralement le taux d'usure[3]. Ce principe est important à admettre. Bien évidemment, l'effet bénéfique du crédit existe et il peut se révéler regrettable de n'avoir pas su saisir une opportunité faute d'avoir pu ou su recourir à lui. Nous le développerons dans la dernière partie du livre.

Il paraît profitable de donner ou redonner aux citoyens qui seraient tentés par la surconsommation, les règles fondamentales de la bonne gestion d'un budget :

- les charges totales doivent être inférieures, strictement, aux ressources totales ; la difficulté est de connaître la stabilité dans le temps de ces deux postes ;
- le recours au crédit ne peut s'envisager que si :

  l'échéance (comprendre la charge mensuelle de remboursement) vient à hauteur d'une capacité d'épargne existante et respectée,

---

[1] L'on parle de découvert bancaire dès lors que les sommes prélevées sur un compte bancaire dépassent le disponible. Ce découvert peut être autorisé par la banque qui, en contrepartie de cette facilité, réclamera des intérêts débiteurs au titulaire du compte ;

2 Le crédit "revolving" est un type de crédit à la consommation courant en Europe. Il se caractérise par le fait que l'établissement financier prêteur de ce crédit, met d'une manière permanente à la disposition de l'emprunteur une somme d'argent avec laquelle ce dernier peut financer les achats de son choix. A chaque remboursement sa faculté d'emprunt est régénérée à due concurrence du montant fixé par le contrat de prêt.

[3] https://www.bceao.int/sites/default/files/2018-05/rapport_annuel_com_ban_umoa_2013_intranet.pdf
Le taux d'usure est de 15% pour les banques et 24% pour les Microfinances et autres Etablissements Financiers

ou l'échéance vient remplacer une charge qu'elle fait disparaître (remplacer un loyer, une épargne forcée par un remboursement de prêt immobilier)

Les dangers qui guettent les ménages aujourd'hui sont nombreux :

- rupture de contrat de travail, entraînant rapidement une baisse de revenus ;
- séparation du couple entraînant une augmentation des charges qui ne sont plus supportées à deux : double logement, double équipement mobilier et électroménager notamment ;
- tentations multiples de la société de surconsommation : téléphonie mobile, gadgets électroniques, tuning, décoration d'intérieur, voyages exotiques, etc.

Les solutions qui s'offrent à ces ménages en danger sont peu nombreuses et requièrent une discipline à toute épreuve. La rigueur budgétaire, la prise de conscience de l'impérieuse nécessité d'une épargne systématique, voire systémique, sont les deux seules conditions du redressement.

Je vous partagerai mon plan de sortie de crise, lequel a permis à Curtis de sortir progressivement et sereinement de la « crise ».

Les conséquences d'un déséquilibre budgétaire peuvent s'envisager sous deux angles : pour le ménage lui-même d'une part et pour son environnement d'autre part.

Le ménage en déséquilibre va certainement perdre pied et choisir de feindre d'ignorer le mal qui le ronge. La consommation est justifiée par le « besoin » et non « l'envie ». Du coup, c'est le refus de voir les problèmes qui caractérise la première phase de cette situation.

Les ménages en déséquilibre financier ont-ils conscience du mal qui les ronge ? Sont-ils victimes consentantes ou même complices de leurs bourreaux financiers ? Cette question m'a longtemps taraudé et c'est en observant de près les raisons du recours aux crédits « toxiques » (comme on dit aujourd'hui « actifs toxiques » à propos de dettes qui sont transformées en actions vendues à nos banques avides de gains faciles) que j'ai compris, en partie, les raisons qui font que les victimes sont, non pas consentantes, mais résignées.

Le point de vue du banquier

Lorsque le banquier « faux » (les plus nombreux) commence à sentir des difficultés de son client, il souhaite en sortir sans dommages en lui proposant un concours financier (nouveau crédit amortissable ou découvert). Or, la pluie de frais, agios et autres charges qui va s'abattre sur le client en difficulté ne peut qu'aggraver sa situation.

C'est comme donner à boire à un noyé !

Du coup, le banquier « vrai » dit non à toute demande de crédit de trésorerie supplémentaire.

Le professionnel respecte le devoir de ne pas « soutenir abusivement » un client en difficulté.

En clair, on ne surcharge pas une mule déjà trop chargée !

La pression des ratios de solvabilité et autres critères d'appréciation du gestionnaire de clientèle le conduit immanquablement à ne pas alourdir le risque global de son portefeuille de clients et à évacuer le « mauvais risque » qu'il contient. Si par opportunité (malheureuse) un organisme de crédit propose un « ballon d'oxygène » ou une « réserve » à notre ménage en difficulté, cela représente une véritable aubaine pour le banquier, qui se désengage du risque (pour son établissement) tout en laissant accroître le danger pour le client. Cette externalisation des risques n'est pas sans rappeler l'une des perversions de la crise des subprimes que nous avons traversée : en « titrisant » une créance, on l'habille de respectabilité sans pour autant la rendre plus sûre. En la rendant respectable, en apparence du moins, on la cède plus facilement.

En la cédant, on transfère habilement le risque intrinsèque qu'elle recèle. On vient de créer un de ces « actifs toxiques » auxquels il est fait allusion plus haut.

Les banquiers ont compris cela depuis longtemps : les sociétés de crédit qui accordent des prêts aux plus fragiles d'entre nous ne sont-elles pas leurs filiales ? Filiales rentables et le risque est très maîtrisé : la casse est beaucoup plus faible qu'on ne le laisse croire. Comment ? Par une technique de recouvrement bien au point : relancer (harceler peut-être) dès le moindre retard, même pour une queue d'impayé de 10 000 FCFA.

Car, comme disait cyniquement un responsable du recouvrement (un confrère à moi) de l'un de ces respectables établissements : *« ce n'est pas que les gens n'ont plus d'argent, c'est qu'ils n'en ont plus assez ».*

Le premier qui exige, le premier qui tape fort du poing sur la table est payé. Tant pis pour les autres.

Les autres ? Le bailleur du logement, la famille et ses dépenses alimentaires, l'assureur de la voiture, l'établissement scolaire des enfants, les grands facturiers d'électricité et d'eau pour ne citer que les principaux (non par ordre de priorité) ; et là où on croit déceler une faiblesse, les impayés s'accumulent. Jusqu'à provoquer pire que le mal qu'on croit guérir. Peut-on impunément cesser de payer son loyer ?

Les banques du monde se sont imposées de respecter des ratios de solvabilité « convenables ». Elles se rencontrent en Suisse, dans la ville de Bâle, régulièrement, dans ce but. En revanche, en face les autres (société de vente à crédit, autres organismes de crédit), ne sont pas des banques.

Il leur suffit légalement de procéder à quelques vérifications financières et formalités administratives pour qu'ils n'aient pas interdiction de prêter. Et hop, le tour est joué !

Le point de vue du ménage

La conscience de se « faire avoir » quelque part, comme on dit, n'est pas absente des propos recueillis auprès de ces publics. Mais s'il y a « conscience », il y a aussi résignation. Car devant un trou budgétaire, devant une difficulté matérielle chronique, devant une insuffisance de ressources ou une explosion de charges (quand ce ne sont pas les deux…), il faut pourtant continuer à vivre, à assurer les dépenses en vivres, ne pas montrer qu'on se heurte à une insuffisance économique, qu'on est incapable d'y faire face.

On feint de croire que la « réserve d'argent » n'est pas un crédit hors de prix, que le découvert est un droit ou même un surplus de moyen pour accroître son « pouvoir d'achat ».

J'ai rencontré beaucoup de gens dont la douleur était visible, mais dont la fierté était intacte : on veut faire face et honorer les échéances, rembourser ses dettes. Même de ses crédits les plus scélérats.

Par exemple, un monsieur d'une cinquantaine d'années, m'a confié lors d'un « atelier budget » détenir un de ces « crédits immobiliers ». Depuis presque 20 ans… il paie avec sérieux, application et respect de sa parole donnée une somme chaque mois. Je lui ai alors demandé combien cela lui coûtait chaque mois. Il m'a répondu « 186 000 FCFA, je crois ».

J'ai alors procédé au calcul, sous ses yeux, de ce que cela lui coûte pour un remboursement en 20 ans. À 10 % hors taxe par an, sans assurance, pendant 240 mois (20 ans au total), il aura déboursé **presque 27 Millions FCFA** d'intérêts pour avoir disposé d'un capital de **18 Millions FCFA** soit **un remboursement cumulé de presque 45 Millions FCFA**.

Autant dire qu'il paie fort cher sa « liberté », son « autonomie », sa « réserve » dont il a pu jouir.

En réalité, les crédits à court ou moyen terme (moins de 7 ans) sont beaucoup plus avantageux que les crédits de longue durée (10, 15, 20, 25 ans).

Alors pourquoi céder à ces publicités qui envahissent vos rues, vos écrans ?

Par ignorance ou par bêtise ? Ni l'un ni l'autre : parce que ces personnes fragilisées par une insuffisance de revenus et/ou une charge trop lourde à supporter n'ont aujourd'hui pas trouvé d'autre solution que ces organismes tentateurs. Il y a certes des foyers « suréquipés » en gadgets comme les téléviseurs à écran plat, les derniers PC portables, en canapés en cuir et autres signes extravagants de réussite matérielle. Mais ce n'est pas la seule avidité des uns qui crée ces déséquilibres. La facilité déconcertante avec laquelle on « ringardise » tout ce qui n'est pas « le top de l'équipement », le vêtement ou la chaussure de marque qu'il faut avoir, dès l'école primaire, la montre de luxe pour les séniors, etc. – autant de marqueurs de la réussite de sa vie : il faut avoir pour être quelqu'un ! Bravo le marketing, ils sont nombreux à y avoir cru.

Le véritable scandale, c'est quand l'insuffisance de revenus oblige à recourir chaque mois aux découverts facturés lourdement quand ils ne sont pas contractuels (on dit « autorisés » ou « ponctuels ») et que le coût des frais plombe lourdement les maigres ressources, aggrave encore les charges.

COMMENT S'EN SORTIR ?

L'optimisme ne doit pas nous abandonner pour autant ! Il faut réduire sa consommation, chaque fois qu'on le peut, traquer les petites fuites sans relâche, pour faire la place à la petite mais nécessaire barrière anti-surendettement imparable : **l'épargne de précaution**.

Remplacer nos pulsions d'avoir par des actes d'être. Et chaque soir vider ses poches pour mettre les piécettes dans une tirelire : avec 200 FCFA par jour, je mets de côté de quoi changer mon écran téléviseur tous les 4 ans. Avec 500 FCFA par jour, je m'autorise une réserve de 182 500 FCFA par an pour faire face à une dépense imprévue. **C'est peu ? Vous pouvez plus ? Alors, lâchez-vous !**

Avec l'équivalent d'un paquet de cigarettes par jour, vous pouvez économiser le prix d'un terrain nu à la périphérie d'Abidjan en 03 ans… Courage, vous allez vous en sortir ! Et pour compenser vos « manques » matériels, rejoignez une communauté virtuelle ou non pour interagir avec d'autres **humains**, échanger vos bonnes pratiques et bien plus encore, vos recettes de cuisine et de bricolage, voire un coup de main pour retapisser une pièce, réparer une prise électrique ou débroussailler un jardin d'un voisin qui physiquement n'en est pas ou plus capable. Re-devenez plus humain !

Nous sommes loin des discours de Copenhague ou de Cancun ! Mais dans nos villes et dans nos campagnes, la reconquête de notre bien-vivre passe par ces pratiques.

CHAPITRE I : MALENDETTEMENT ET SURRENDETTEMENT, ÇA N'ARRIVE PAS QU'AUX « PAUVRES » !

La notion de malendettement apparaît de plus en plus dans la littérature et la presse spécialisée en matière de surendettement. Si l'on pouvait le situer sur une carte, **ce concept serait la zone à deux pas du bord de la falaise** et dont vous n'avez pas vu la signalisation vous appelant à la plus grande prudence budgétaire.

Le « Malendettement » s'est petit à petit imposé comme un stade précédant le surendettement, mais aussi et surtout comme étant le fruit d'un crédit inadapté aux besoins du client.

Alors qu'un taux d'endettement de 50 % des revenus est considéré comme le seuil commun pour parler de surendettement, c'est dès 20 % d'endettement (seuil relatif) que vous pourrez être identifié comme malendetté.

Mais si vous gagnez 1 000.000 FCFA net/mois et que vous avez 200 000 FCFA de charge mensuelle de remboursement, vous n'êtes pas nécessairement malendetté, car cette notion de malendettement **dépasse** l'unique indicateur mathématique.

Au-delà d'un pourcentage de référence, là où le surendettement peut être défini par une situation non-passagère plaçant l'emprunteur dans l'incapacité de faire face à ses dettes non-professionnelles et charges mensuelles, le malendettement est souvent cité comme une situation instable « **mais pas irréversible** » et souvent résultant non pas d'une faute de gestion mais d'un mauvais « choix » de crédit.

Évidemment, derrière la référence au « choix » des clients, se profile la question de l'information et du conseil qui leur est donné par les vendeurs de crédits et vendeurs de biens de consommation et/ou d'équipement à crédit.

Mais en ce qui concerne les vendeurs de biens de consommation et/ou d'équipement à crédit, peut-on vraiment croire qu'une surface commerciale soit un lieu opportun d'information et de réflexion ? Bien sûr que non !

Revenons à la situation présentée en introduction concernant le crédit pour une télévision. Ce qui fera de cet achat un acte pouvant occasionner une situation de malendettement ou non, sera surtout la nature du crédit et le fait que ce type de crédit soit adapté à mes besoins ou à ma situation.

Par exemple, le crédit accordé par la boutique de vêtements ou la boutique de chaussures en cuir ou la boutique de téléphones portables ou encore la société de confection de meubles de cuisine sur mesure, ne me servira pas à rembourser mon crédit bancaire déjà contracté et en cours de remboursement ! Et pourtant, en procédant à des achats et dépenses de ce type, je laisse « en apparence » disponibles des liquidités pour régler l'échéance mensuelle de mon crédit bancaire.

Une pratique que déclarent utiliser certains ménages en Côte d'Ivoire, au Ghana, au Sénégal, et au Bénin, pour ne citer que ces pays visités, pour s'en sortir. Mais quand la liberté d'acheter à crédit devient une nécessité (par exemple pour ses courses alimentaires), le surendettement n'est plus loin.

Dans ces situations, contracter de nouveaux achats ou services à crédit, de par son côté bienfaisant, est un piège qui finit par se refermer sur les ménages en difficulté. Malheureusement, ce n'est qu'une fois conscients d'être endettés que les ménages commencent à chercher des solutions à une situation déjà lourde de conséquences. Tirer une sonnette d'alarme dès les signes de malendettement aurait permis d'agir plus vite et de devoir faire face à une situation budgétaire moins dégradée, donc plus « facile » à régler. Mais pour appeler à l'aide, il faut savoir que l'on est en danger. D'où l'importance de réellement mettre en lumière cette notion de malendettement.

Qui est concerné ?

Étant tous et toutes trop habitués à ne nous concentrer que sur le prix de l'objet acheté et/ou sur la mensualité à rembourser, nous en oublions de regarder de plus près le type de crédit que nous acceptons.

Mais même en étant attentifs, si nous ne savons pas faire la différence entre les différents types de crédit, nous sommes toujours exposés au malendettement.

Comme pour le surendettement, le malendettement n'est pas nécessairement une question de dépenses excessives.

En Côte d'Ivoire, l'on estime que 70% des fonctionnaires et 50% des employés à plein temps du secteur privé sont malendettés.

Plus en proie aux usuriers, communément appelés les « margouillats », par la faiblesse de leurs revenus mais surtout, par la sécurité de leur emploi, les fonctionnaires basculent régulièrement, du stade de malendetté au stade de surendetté.

Dans le Journal *Le Monde* publié le 23 février 2016 à 18h52, mis à jour le 26 février 2016 à 11h03, vous pourrez y lire cette déclaration glaçante d'un usurier la cinquantaine, « margouillat[4] » depuis douze ans établi en Côte d'Ivoire : *« **Nos proies, ce sont les fonctionnaires qui ont besoin d'argent pour faire face à une urgence** ».*

Aussi, un rapport du Ministère ivoirien de l'Education Nationale, couvrant l'année scolaire 2014-2015, révélait que près de 25 % des enseignants fonctionnaires du pays étaient victimes de l'usure et vivaient sous le poids des dettes contractées.

Notons que bon nombre d'entre eux (les fonctionnaires) ont un niveau de vie correct jusqu'à un accident de vie survienne (décès d'un parent, d'un beau-parent, maladie chronique grave etc.) ; ce qui les enfonce dans le **surendettement**.

Pourtant, en mai 2015, le gouvernement ivoirien a débloqué les salaires, inchangés depuis 1988, et 116 098 agents de la fonction publique (dont 92 000 enseignants

---

[4] Margouillat : Désignation populaire en Côte d'Ivoire attribuée aux usuriers

et 15 000 travailleurs du secteur de la santé) sur 160 000 au total ont obtenu une augmentation variant de 13 787 francs CFA à 142 940 francs CFA.
« Cela fait plusieurs mois que je bénéficie d'un nouveau salaire. Nous attendions cela depuis de nombreuses années. Maintenant, il faut que ce traitement salarial s'améliore chaque année », confirme Maxime Touré, infirmier[5].
Suivant ces mesures prises par l'Etat, le Ministère de l'Education Nationale a constaté une baisse « considérable » du nombre d'enseignants sous l'emprise des usuriers. Mais aucun coup d'arrêt définitif n'a été porté à l'activité des « margouillats », qui trouvent toujours des « clients », autant à Abidjan qu'à Bouaflé, Daloa (centre-ouest du pays) ou Bouaké (centre).
Le surendettement n'est pas une maladie de « pauvres mauvais gestionnaires », mais plutôt une « maladie des sociétés modernes », donc une maladie récente sous nos tropiques, aux nombreuses portes d'entrées.

A qui la faute ?

« Nos revenus ne sont pas importants. Alors, lorsqu'un problème majeur intervient et qu'il faut y faire face, et s'occuper en même temps d'une famille nombreuse, évidemment que nous sommes tous exposés aux usuriers », explique Ambroise Trazié, enseignant du secondaire (il perçoit **407 000 francs CFA – 620 €**).
En réaction à cette déclaration, un autre fonctionnaire s'insurge : *« On ne peut avoir de tels salaires (***407 000 francs CFA - 620 €)** *et se maintenir dans l'étau d'un usurier. Je dirais que le fonctionnaire ivoirien a toujours été un mauvais gestionnaire »*, s'insurge Souleymane Diarra, fonctionnaire de 38 ans, dont l'oncle avait pris sa retraite sans le moindre centime, après trente-deux ans sous l'emprise des usuriers.

[5] https://www.lemonde.fr/afrique/article/2016/02/26/en-cote-d-ivoire-les-fonctionnaires-sont-la-cible-privilegiee-des-usuriers_4872208_3212.html

L'affirmation de Souleymane Diarra semble être confirmée par Hervé Diby, ancien gestionnaire de comptes dans une banque publique : *« Il n'y a pas de difficulté à obtenir un prêt pour les fonctionnaires. C'est le fonctionnaire lui-même qui s'incruste dans la difficulté quand tout commence pour lui par l'avance sur salaire [AVS]. Il demande l'AVS une fois, deux fois, puis trois et après il n'est plus solvable. C'est à ce moment que pour certains, vient l'idée de demander un prêt personne ordinaire (PPO). Et lorsque les choses traînent un peu dans la procédure, ils se font appâter par les margouillats qui disposent de la liquidité. »*[6]
La pratique est pourtant bien ancrée dans la société ivoirienne. *« Le crédit aux fonctionnaires existe depuis les années 1990, lorsque l'Etat leur accordait un crédit pour s'équiper en meubles et appareils électroménagers. Aujourd'hui, ce sont des particuliers qui ont pris le relais, sûrement dans le mauvais sens. »* confie Adrien Gnahoré, délégué de la coordination des victimes des usuriers. Il espère que la pratique aura disparu d'ici quelques années, notamment grâce à la loi visant à combattre les pratiques des usuriers, adoptée fin octobre 2014. Mais, c'est sans compter sur l'appétit des Etablissements de Crédit dont certains proposent désormais des « Avances sur Rappel ».[7]
Cette Loi de 2014 dispose que *« sera puni d'un emprisonnement de deux mois à deux ans et d'une amende de 100 000 FCFA à 5 000 000 FCFA ou de l'une de ces peines seulement, quiconque aura consenti à autrui un prêt usuraire ou apporté sciemment, à quelque titre et de quelque manière que ce soit, directement ou indirectement, son concours à l'obtention ou à l'octroi d'un prêt usuraire »*. En

---

[6] https://www.lemonde.fr/afrique/article/2016/02/26/en-cote-d-ivoire-les-fonctionnaires-sont-la-cible-privilegiee-des-usuriers_4872208_3212.html
[7] L'Avance Sur Rappel est un type de crédit bancaire accordé à des fonctionnaires en devenir, déjà admis à un concours public et qui généralement sont encore en formation préparatoire. Les Commerciaux des Banques se rendent désormais sur les lieux de formation des futurs fonctionnaires pour leur ouvrir des comptes bancaires (ce qui est une bonne chose en soi), puis leur proposer des offres de crédit alléchantes (ce qui est une très mauvaise chose) sur la base de leur rémunération future. On les endette donc dès le berceau et on en fait ainsi des proies faciles pour les usuriers. La question à se poser peut être celle-ci : Dans cette course au gain facile et à l'endettement, **est-ce que Banquiers et Usuriers ne sont pas tous deux partenaires ?**

cas de récidive, le maximum de la peine est porté à cinq ans d'emprisonnement et à 15 000 000 FCFA d'amende, ajoute ladite loi.

Cependant, celle-ci ne semble pas suffisante pour décourager l'une ou l'autre des parties. Car les affaires semblent toujours marcher pour les usuriers. Ils continuent de faire leurs emplettes aux frais de leurs débiteurs.

Ironise l'un d'entre eux : *« J'ai déjà effectué les retraits sur les comptes de ceux qui me doivent. Quand j'ai pitié, je peux laisser à certains 10 000 FCFA, afin que le client puisse s'acheter, au moins, un sac de riz »*.[8]

Or comme je l'ai indiqué, le gouvernement ivoirien a engagé plusieurs reformes ces dernières années visant à améliorer les conditions de travail et le niveau de vie de ses fonctionnaires. Mais malgré ces efforts, plusieurs agents de l'Etat croupissent encore sous des dettes.

En effet, plus de 30.000 fonctionnaires et agents de l'Etat ivoirien sont victimes d'un surendettement à cause des prêts à l'usure appelé couramment « *système margouillat* ». L'information émane des résultats d'une enquête réalisée par le gouvernement ivoirien et rendus publics en début de février 2022.

Selon cette enquête, ce phénomène est favorisé par l'acquisition de biens (produits de première nécessité et matériaux de construction) (49,26%), les dépenses familiales (28,57%), les investissements dans des activités génératrices de revenu et les loisirs. **Elle précise aussi que les banques, microfinances et maisons d'assurances constituent également des facteurs de surendettement pour les fonctionnaires.**

Tous ces facteurs affectent la productivité et l'assiduité de ces agents de l'Etat, tant au niveau de leur travail que dans la société. « *Plus de 80% des fonctionnaires en situation de surendettement s'absentent au travail, abandonnent leur poste, disparaissent ou envisagent le suicide* » révèle le rapport.

---

[8] Source : Extrait du Journal du Monde publié le 23 février 2016 à 18h52, mis à jour le 26 février 2016 à 11h03

Les autorités ivoiriennes, en vue de faire face à cette situation, ont décidé de mettre sur pied « *un comité technique élargi* ». Il aura la charge d'examiner le problème afin de « *dégager des pistes de solutions pour réduire cette forme de vulnérabilité des travailleurs* ».

Pour information, un fonctionnaire est considéré comme surendetté lorsque 70% de son salaire est confisqué par la dette.[9]

Ceci dit, et sans nier la part de responsabilité des emprunteurs dans leurs choix de consommation, il est néanmoins légitime de se pencher sur le rôle des prêteurs (Institutions Financières et Usuriers). En effet, ceux-ci gagnent leur vie là où d'autres risquent de détruire la leur s'ils sont mal conseillés.

Il est aisé de comprendre qu'aucun client n'a pour objectif d'être malendetté ou surendetté ; alors que dans le même temps, le surendettement du client peut ne pas être du tout une préoccupation du prêteur.

En effet, celui-ci étant mis sous la pression du chiffre d'affaires de son entreprise personnelle ou à laquelle il appartient, et n'assumant individuellement aucune conséquence suite à un défaut de remboursement de crédit, il peut se réjouir de chacune de ses « ventes » de crédit, comme s'il ne s'agissait que d'une vente de télévision sans conséquence.

Mais on peut surtout constater que les défauts de paiement ne sont pas du tout répartis de manière proportionnelle au sein de chaque type de crédits. **Certains crédits sont plus dangereux que d'autres…** Nous y reviendrons !

Mettre en lumière le malendettement est nécessaire afin de permettre une prise de conscience par les ménages et les acteurs de prévention d'un risque de surendettement. Cela devrait permettre une intervention plus rapide auprès de ces ménages en cas de difficultés et ainsi éviter le cercle vicieux du surendettement.

Néanmoins, il s'agit aussi, de mettre en lumière le manque de responsabilité de nombreux fournisseurs de crédits qui considèrent le crédit comme un produit du commerce banal.

---

[9] Source : www.adjuwa.net - 9 février 2022

Vendre un crédit est évidemment bien plus dangereux que vendre un téléphone, un ordinateur, un sac à main, un bijou etc. ; D'autant plus que, 70% des fonctionnaires et 50% des employés à temps plein du secteur privé en Côte d'Ivoire sont en « situation de malendettement ». Ce qui signifie qu'ils doivent puiser dans leurs réserves pour boucler le budget du mois ! De plus, 68% des ménages déclarent qu'il leur est difficile, très difficile voire impossible d'épargner. Face à ces chiffres (en augmentation en Côte d'Ivoire), **il semble évident qu'il faut renforcer la prévention et l'accompagnement en matière d'accès au crédit**.

La notion de malendettement, qui sous-entend qu'il existe un « bon endettement », ne doit pas être de ce fait une ode au crédit et à la croissance de la consommation. Si le crédit a tout son sens pour réaliser des investissements et/ou faire face à des difficultés passagères, il reste un risque supporté pour les ménages bien plus que par les prêteurs.

Enfin, le malendettement ne doit pas non plus être une voie royale pour faire croire que le rachat de crédit (comme par hasard souvent promotionné dans les articles et recherches internet faites lors de cette analyse) **est forcément la solution**, surtout quand les établissements qui le proposent sont de même nature que celles ayant vendu le mauvais type crédit.

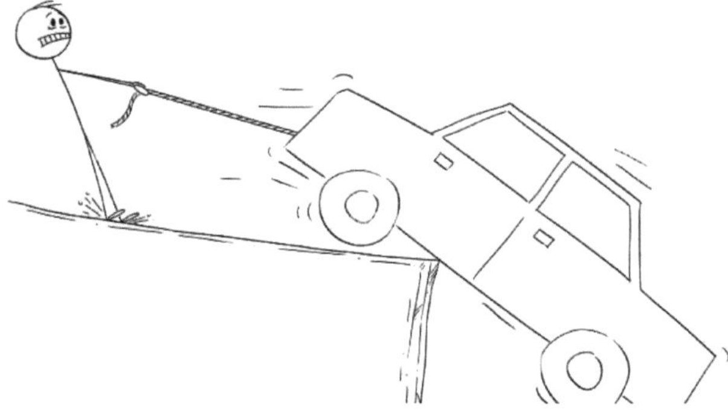

CHAPITRE II - L'HISTOIRE DE CURTIS : QUI EST CURTIS ?

Je vous partage l'histoire de Curtis.

Curtis est un jeune cadre de banque qui en 2015 (alors qu'il avait 25 ans) s'est laissé séduire par une offre de prêt alléchante en vue d'acquérir un véhicule d'occasion et des mobiliers domestiques.

Il est ce jeune cadre financier brillant, vif d'esprit que tout le monde désire avoir comme collaborateur, tant par sa disponibilité, son sens de l'écoute, son attitude jovialement respectueuse que par son énergie débordante.

En ce jour de Février 2015, Curtis vient de décrocher un poste d'Analyste Financier en Contrat à Durée Indéterminée (CDI) au sein d'une Direction Financière d'une grande Banque après un stage de 6 mois et un Contrat à Durée Déterminée (CDD) d'Un an.

Il est fier de lui, fier de ce nouveau contrat de travail qui lui ouvre enfin la porte aux Crédits.

Il envisage aménager enfin dans un appartement afin de pouvoir se sentir libre, loin des regards protecteurs des parents. Il envisage équiper sa future maison d'appareils neufs connectés, de dernière génération. Il envisage encore s'offrir une voiture de seconde main mais en bon état, pour ses soirées et ses afterworks.

Curtis est un jeune homme très heureux de sa nouvelle vie ; il se sent libre et fort. Il marche désormais dans les rues du Plateau[10] la tête haute, le torse bombé, le sourire continuellement aux lèvres.

C'est un charmant garçon de teint noir qui a de l'assurance et aime bien courtiser les jeunes filles de sa génération et qui, loin de son environnement professionnel, est un immature[11].

---

[10] Plateau : Quartier des affaires de la capitale Abidjanaise

[11] Immature : Dans le langage populaire ivoirien, qualifier quelqu'un d'immature c'est dire de lui qu'il ne se prend pas au sérieux, qu'il fait le fou en s'amusant et en amusant les autres.

Mais avant de vous raconter la suite de l'histoire de Curtis, je vais d'abord vous **révéler** ce que c'est que la « Dette » et « les règles » spéciales qui lui sont propres. Mais encore, avant d'aborder ces « règles » de la dette, je tiens à vous partager préliminairement ma réflexion sur la **psychologie de la dette**. Quelles sont les motivations qui conduisent à l'endettement ? Pourquoi certaines personnes sont-elles constamment incapables de gérer leurs dettes ?

Avec des centaines de millions de ménages dans le monde en situation chronique d'impayés, de malendettement ou de surendettement, qui déclarent faillite, avec un taux d'épargne très faible, **pourquoi s'endette-t-on comme s'il n'y avait pas de lendemain ?**

CHAPITRE III – LA PSYCHOLOGIE DE LA DETTE

Selon mon analyse des cas rencontrés au cours de ma carrière bancaire, il existe trois principaux profils d'emprunteurs :

- Les rêveurs
- Les pleurnichards
- Les Gagnants - ***mon objectif est de vous apprendre à être des Gagnants***.

Les rêveurs

Les rêveurs sont ces personnes ayant la perception ensoleillée qu'ils méritent d'obtenir facilement les bonnes choses et qu'ils peuvent tout se permettre avec l'argent des « autres ». Dans leur approche merveilleuse du crédit, ils ne se concentrent que sur ses avantages et services reçus et accessoirement sur les remboursements mensuels, faisant fi de leurs dettes globales.

Ils n'ont que dans le viseur un remboursement de 50 000 FCFA ici et un autre de 60 000 FCFA là, sans jamais se concentrer sur les millions de francs CFA de dette globale, à des taux d'intérêt de 10% ou plus, qu'ils ont contractées. Ils sont convaincus qu'ils peuvent facilement payer les échéances mensuelles et successives de leurs différents prêts.

Les rêveurs se voient obtenir un meilleur travail, avec plus de revenus et un avenir où tous les problèmes d'argent seront résolus.

Or, malheureusement, ce ne sont pas tous les rêves qui se réalisent ! Il faut donc à un moment se réveiller !

Les pleurnichards

Les pleurnichards eux, commenceront à lire ce livre et abandonneront parce qu'ils auront librement décidé et conclu que c'est trop difficile de sortir d'une dette, ou que cela ne fonctionnera pas avec eux, ou que le jeu est contre eux ou encore que le système est fait uniquement pour les détruire, les anéantir.

Ils peuvent lire une quantité énorme d'informations sur le crédit et sur les finances personnelles, mais au lieu d'agir, ils continueront à passer leur temps à se concentrer que sur le **négatif**.

Lorsqu'une solution ou une réponse leur est présentée, ils détailleront ce qui ne va pas. Vous en connaissez vous des pleurnichards ? Ils sont partout et se font appelés ou s'estiment généralement **réalistes** voire **pragmatiques** !

Les pleurnichards vont s'en prendre à l'Etat et les pouvoirs publics, aux bailleurs, aux grands facturiers (Compagnies d'électricité, d'eau, d'internet etc.), aux banques, aux créanciers de façon plus générale, aux employeurs, aux gagnants, aux bailleurs, aux riches etc.

Bien qu'ils puissent avoir des inquiétudes légitimes quant à **l'équité** du système de crédit, ils passent tout leur temps à essayer de se plaindre du système et gaspillent leur énergie à lutter contre le système, plutôt qu'à chercher une solution. Attention, je ne dis aucunement qu'il ne faut pas combattre le système. Il le faut absolument, nécessairement ! Mais, il faut que cette guerre anti-système ne soit pas une guerre chronophage, surtout qu'il y a des solutions pour se parer efficacement contre le système.

Les Gagnants

Croyez-le ou non, malgré toutes les critiques de l'industrie du crédit, il y a de la place pour d'énormes gains en utilisant le crédit à votre avantage.

Les Gagnants le savent ou l'ont appris par leur propre éducation. Peut-être que leurs parents leur ont transmis le savoir-faire ou ont-ils eu l'occasion de s'éduquer par eux-mêmes…

Quelques notions clés à savoir :

1. Les banques gagnent de l'argent en prêtant.
2. Les banques peuvent perdre de l'argent en accordant des prêts à des personnes ou à des projets qui ne seront **jamais** remboursés. Les banques doivent être prudentes. Certaines leçons importantes sont à tirer des crises financières mondiales dont la dernière en date est celle de la crise financière des *subprimes* qui a débuté en 2008.
3. Les banques aiment accorder des prêts lorsqu'elles ont des sûretés ou des garanties. Si le prêt n'est pas remboursé, elles voudront s'accrocher à quelque chose de tangible et de réel pour garantir leur remboursement. Les banques, comme nous tous, doivent être prudentes dans l'évaluation correcte de leur sûreté[12].

   Face à ces vérités évidentes, il y a une vérité supplémentaire évidente qui est rarement communiquée :
4. Les banques n'ont pas toujours la part du lion de l'argent sur certains prêts. Les Gagnants qui ont compris le système et qui utilisent le crédit à leur avantage gagnent régulièrement plus d'argent que les banques.

   Intégrer cette vérité peut aussi vous aider à gagner beaucoup d'argent. Les banques font leur juste part en prêtant de l'argent. Vous pouvez gagner beaucoup plus d'argent en empruntant pour de bons projets et pour de bonnes raisons.

   A ce stade peut-être, vous vous dites peut-être en ce moment que les prêts immobiliers sont totalement meilleurs que les offres de crédit équipement.

Pas toujours vrai ! Il y a quelques années, une amie et ancienne collègue me faisait part de sa détresse après avoir contracté un prêt immobilier d'une durée de 20 ans pour l'acquisition d'une maison dont l'échéance mensuelle absorbait la totalité de sa quotité cessible[13], laquelle maison lui rapportait à peine 100 000

[12] Sûreté : Garantie dont la constitution et la mise en œuvre sont édictées par la Loi. Selon l'Acte uniforme de l'OHADA portant organisation des sûretés, les sûretés sont les moyens accordés au créancier par la loi ou la convention des parties pour garantir l'exécution des obligations, quelle que soit la nature juridique de celle-ci.

[13] Quotité cessible : Elle désigne la partie du salaire qui peut être cédée pour rembourser ses créanciers.

FCFA de revenus locatifs et était régulièrement en travaux. Vous le savez tous, les promoteurs immobiliers, pour la plupart, sont de moins en moins sérieux et les travaux en bâtiment sont devenus onéreux.

Ce crédit immobilier l'a inscrite dans une précarité financière au point de ne plus pouvoir effectuer les travaux de réparation, de perdre son locataire et de ne plus avoir de locataire pendant 24 mois. Vous le savez encore, une maison inhabitée a tendance à se dégrader beaucoup plus vite qu'une maison habitée.

Comme elle, nombreux êtes-vous à vous être embarqués [un peu trop tôt] dans ces crédits longues durées dont les échéances mensuelles dévorent des parts importantes de vos revenus mensuels et dont les frais ordinaires d'entretien de votre actif immobilier vous installent progressivement et durablement dans une précarité financière et par conséquent, dans une situation de **malendettement**.

Bien des fois, il arrive que le crédit équipement ou le crédit à la consommation soit contracté pour saisir des opportunités d'affaires ; par exemple pour acheter des équipements, et autres biens destinés à la consommation en vue de les revendre et dégager un bénéfice. En cas de courte rotation, l'emprunteur rembourse par anticipation son crédit ou poursuit avec de nouvelles opérations d'achat/revente ou encore crée un actif bien plus intéressant et nettement plus affranchissant comme la création d'**une entreprise personne morale**. Nous y reviendrons...

C'est ce que font les gagnants du crédit. Et c'est le but de ce livre : radier de votre vie les habitudes communes et néfastes des emprunteurs, assainir votre portefeuille de dettes et commencer à utiliser le crédit de manière positive et enrichissante à votre seul avantage.

Mais avant que vous ne commenciez à gagner avec le crédit, je me dois de penser à votre santé. Oui ! Vous comptez pour moi chers lecteurs, chères lectrices aussi.

CHAPITRE IV – EFFETS DE LA DETTE SUR LA SANTE

Malade de la dette

Tous les endettés savent que la dette peut vous rendre malade.

Vous y pensez tout le temps ; vous vous en souciez continuellement.

Beaucoup d'entre vous peuvent faire remonter votre niveau de stress à votre niveau d'endettement. Une étude de l'Université d'Ohio a révélé que les personnes qui signalaient des niveaux de stress les plus élevés en ce qui concerne leur dette présentaient des niveaux plus élevés de déficience physique et une moins bonne santé que les personnes moins endettées.

Le stress de la dette a un impact sur la santé physique et mentale ainsi que sur nos relations. On dit souvent que le taux de divorce des personnes endettées est supérieur à 50% et que la principale raison du divorce serait des problèmes financiers. Les couples se disputent plus sur l'argent que sur toute autre question relationnelle.

Le stress, l'anxiété et la dépression sont courants chez ceux qui ont des dettes inconfortables. Les sentiments de culpabilité, de honte et d'échec ont tous un impact sur l'estime de soi et amènent les gens à se sentir comme s'ils étaient hors de contrôle ou impuissants.

Ajoutez à cela, les craintes de ce qui se passera si les factures ne sont pas payées, l'agressivité de nombreux créanciers et collecteurs de dettes, et la pression constante pour continuer à dépenser, et il n'est pas étonnant que certains débiteurs en Côte d'Ivoire, en Afrique, en Europe, en Asie, en Amérique – partout à travers le Monde - finissent par se suicider et mettre fin une bonne fois pour toute à cette spirale infernale.

Le stress lié à l'endettement a également été associé à la toxicomanie et aux problèmes de santé qui l'accompagnent (y compris le risque accru de violence). De nombreuses personnes réagissent au stress en abusant de l'alcool.

Les dépenses sont devenues un tel problème pour certaines personnes que l'industrie pharmaceutique en a pris note. Le shopping est depuis longtemps reconnu comme une dépendance pour ceux dont les dépenses interfèrent de manière significative avec leur vie. En fait, on estime que 8 % des adultes de façon générale (dont 90 % sont des femmes) souffrent de cette dépendance. La recherche a montré que les dépenses compulsives sont liées à de faibles niveaux de sérotonine dans le cerveau. Un médicament appelé « Celexa » augmenterait efficacement la sérotonine et est maintenant utilisé pour traiter les achats compulsifs.

En fait, une étude récente a montré que 80 % des accros du shopping traités avec Celexa seraient capables de freiner leurs impulsions à dépenser.

Vous voulez mon avis ? Il y a beaucoup mieux à faire que de se droguer avec des produits chimiques.

Un autre grave problème de santé lié aux problèmes financiers est le fait que les gens renoncent souvent à un traitement médical pour une maladie physique (ou mentale) dans le but de contrôler leur dette.

Cela conduit malheureusement trop souvent à des affections plus graves et même à la mort.

Les personnes en difficulté financière sont plus susceptibles d'aller à l'encontre des ordonnances et recommandations du médecin et de retourner au travail pour pouvoir payer les factures – y compris les factures médicales – augmentant ainsi leurs risques d'aggraver leur mal.

Nous connaissons tous le lien entre le stress et la maladie. Soyez stressé et vous tomberez malade. Quiconque est déjà tombé malade juste après un gros test ou après la date limite d'un énorme projet sait à quel point le stress nous épuise. On dit que lorsque le sexe est bon, il ne représente qu'environ 10% de la santé du mariage. Quand c'est mauvais, cela représente environ 90%.

Il en est de même pour l'argent et le stress qu'il crée au travail et à la maison. Lorsque l'argent est bon, il ne représente qu'environ 10 % des problèmes d'une personne. Mais quand c'est mauvais, cela représente 90% des problèmes de cette personne.

Au cours de la dernière décennie, des chercheurs ont démontré le lien entre le stress financier et la santé, ainsi que la productivité au travail. Par exemple, le magazine américain *Financial Fitness* rapporte que la détresse liée aux questions financières contribue à l'irritabilité, la colère, la fatigue et l'insomnie pour plus de 52 % des personnes concernées.

Parmi ceux qui ont déclaré des niveaux de stress élevés en raison de l'endettement, les maladies suivantes ont été signalées :

- Plus de 3 fois les ulcères ou problèmes digestifs (27% dans le groupe de stress élevé et 8% dans le groupe de stress faible) ;
- 44 % signalent des problèmes de migraines contre 15 % dans le groupe à faible niveau de stress ;
- Augmentation de 500 % des cas graves d'anxiété et de dépression ;
- Double du taux de crises cardiaques, et augmentation des troubles du sommeil et manque de concentration.

Une autre étude publiée dans le magazine américain *Diabetes Care* révèle qu' « il a été démontré que le stress financier augmente le risque de syndrome métabolique pouvant entraîner des problèmes médicaux graves comme le diabète, les maladies cardiaques, l'hypercholestérolémie et l'obésité ».

Malheureusement, beaucoup de gens ne savent pas vers qui se tourner lorsqu'ils ont des problèmes d'endettement. **Ce livre est conçu pour vous aider à comprendre vos options afin que vous puissiez prendre le contrôle de votre vie financière.**

Voyons la suite de l'histoire de Curtis...

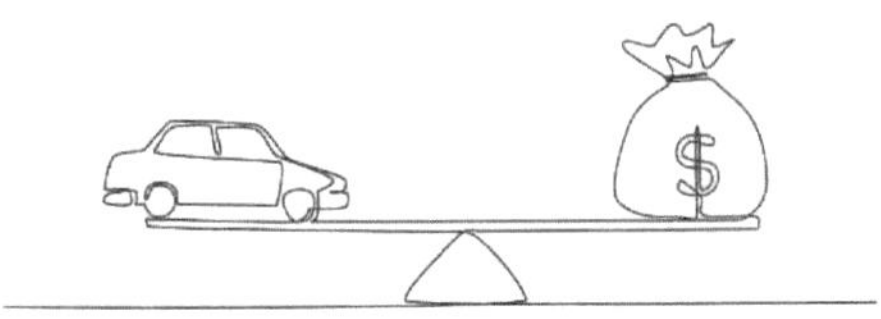

CHAPITRE V – COMMENT SE DESENDETTER – L'HISTOIRE DE CURTIS

(inspirée de faits réels)

Battez les prêteurs à leur propre jeu

Je vous disais que Curtis était un jeune cadre de banque qui en 2015 (alors qu'il avait 25 ans et qu'il venait d'obtenir son CDI) s'était laissé séduire par une offre de prêt alléchante en vue d'acquérir un véhicule d'occasion et des mobiliers domestiques pour son aménagement dans le quartier moderne d'Angré.

Il était fier de lui, fier de ce nouveau contrat de travail qui lui ouvrait enfin la porte aux Crédits.

Curtis gagnait 487 000 FCFA (742 €) par mois en net. 3 mois après la signature de son CDI, Curtis signait un contrat de prêt de **5 000 000 FCFA (7 622 €) remboursable en 5 ans** en vue de s'acheter un véhicule d'occasion.

Après plusieurs recherches, il opte finalement pour un véhicule de type Peugeot 407, de transmission automatique à **4 500 000 FCFA (6 860 €)** avec des fauteuils en cuir et un habitacle impeccable.

Curtis vient de faire une très belle affaire et peut enfin se rendre à son service, à ses afterworks, visiter ses amis etc., sans avoir recours aux transports en commun ou aux taxis intercommunaux.

Parce que le prêt a été contracté directement auprès de son employeur (la Banque dans laquelle il travaille), Curtis a l'avantage de ne pas être contraint de subir une épargne bloquée en sus de son échéance mensuelle, et même a-t-il l'avantage d'avoir un taux de crédit préférentiel de 4% Hors Taxe[14] l'an.

[14] En Côte d'Ivoire, le Taux de crédit applicable à la clientèle de détail est en moyenne de 11% Hors Taxe l'an.

Ainsi, au titre de chaque mois, Curtis devait s'acquitter auprès de son employeur de la somme de **92 988 FCFA (142 €)** ; ce qui représente presque 20% de son salaire.
Après que sa Banque (son employeur) ait prélevé les frais de mise en place de son prêt (1% du capital emprunté soit 50 000 FCFA (76 €)) ainsi que les frais d'enregistrement de son contrat de crédit (soit 36 000 FCFA (55 €)), il lui restait une disponibilité sur son compte de 414 000 FCFA (631 €).

Curtis doit désormais procéder aux formalités de mutation de la carte grise afin de faire constater juridiquement à qui de droit, le transfert de propriété entre le vendeur du véhicule et lui l'acheteur ; puis il doit procéder à un 1er entretien du véhicule (vérifier le parallélisme, les huiles, les robots, les rotules, les amortisseurs etc.).

Avec son enveloppe de 414 000 FCFA (631 €), il s'acquitte des frais de mutation à 50 000 FCFA (76 €), effectue ses entretiens mécaniques à 200 000 FCFA (305 €) et fait le plein de carburant à 35 000 FCFA (53 €).

De son prêt de 5 000 000 FCFA (7 622 €), il reste à Curtis 129 000 FCFA (196 €) qu'il utilisera progressivement pour satisfaire ses besoins domestiques.

Un mois plus tard, l'employeur de Curtis prélève à la source la première échéance mensuelle de 92 988 FCFA **(142 €)**. Désormais, au lieu de 487 000 FCFA (742 €) à recevoir chaque mois, Curtis percevra la bagatelle de **394 012 FCFA (600 €)** avec laquelle il devra subvenir à ses besoins personnels.

Curtis vit encore chez ses père et mère et n'a pas de réelles charges locatives autres que celles dont il veut bien s'acquitter.

Quelques temps après avoir acheté son véhicule, Curtis estime qu'il doit s'affranchir du joug familial et souhaite donc louer un appartement d'une pièce (studio) ou 2 pièces (une chambre et un salon). A 25 ans, plus de raison de vivre encore au crochet de ses parents !

Il commence alors ses recherches d'appartements en contactant plusieurs agents immobiliers, effectuent plusieurs visites et finit par trouver un bel appartement de type T2 dans un nouvel immeuble à Abidjan Cocody 8ème Tranche, loué à 90 000 FCFA (137 €) par mois.

Curtis, bien qu'estimant que ce loyer n'est pas négligeable au regard de son revenu mensuel, croit en sa capacité de gestion et pense qu'il parviendra à épargner et vivre confortablement. Aussi, croit-il en l'avenir et pense, eu égard à ses performances professionnelles qu'il obtiendra une hausse salariale au terme de sa 1ère année de CDI.

Curtis décide donc d'emprunter une seconde fois auprès de sa Banque (son employeur) à hauteur de **3 500 000 FCFA (5 336 €)** pour régler ses frais de bail et ses frais d'acquisition d'équipements neufs et modernes.

Curtis a désormais une 2nde échéance de remboursement de 65 092 FCFA (99 €). C'est-à-dire une échéance globale mensuelle de 158 080 FCFA (241 €) (92 988 + 65 092).

De son salaire de 487 000 FCFA (742 €), il recevra dorénavant la somme de **328 920 FCFA** avec laquelle il devra subvenir à ses besoins personnels.

Après que sa Banque (son employeur) ait prélevé les frais de mise en place de son prêt (1% du capital emprunté soit 35 000 FCFA (53 €)) ainsi que les frais d'enregistrement de son contrat de crédit (soit 36 000 FCFA (55 €)), il restait une enveloppe de 3 429 000 FCFA (5 227 €).

Très vite, Curtis contacte l'agence immobilière auprès de qui, il constituera un dépôt de garantie, et versera l'équivalent de 2 mois de loyers d'avance, une commission d'agence et les frais de connexion aux réseaux d'électricité et d'eau ; tout cela pour un coût global de 556 000 FCFA (848 €).

Avec son enveloppe restante de 2 873 000 FCFA (4 380 €), Curtis s'offre un salon neuf d'une grande surface commerciale avec un chic canapé d'angle, une table à manger, des moquettes, un lit de 3 places, des climatiseurs splits, des objets décoratifs, une cuisinière, des équipements de cuisine, de nettoyage, une cave à vins etc.

En somme, pour son installation, Curtis aura déboursé la somme de 2 500 000 FCFA (3 811 €) ; et lui reste-t-il en poche 373 000 FCFA (569 €) qu'il utilisera pour l'organisation de sa pendaison de crémaillère. Ah Oui ! Il faut bien fêter ça !

Curtis vit désormais chez lui, dans un chic et agréable appartement et en est tout heureux !

Le 3ème mois suivant son aménagement, Curtis doit s'acquitter de son loyer mensuel de 90 000 FCFA (137 €). Il s'était quelque peu habitué à vivre avec 328 000 FCFA (500 €) mais là, il doit intégrer à son budget mensuel cette charge mensuelle de 90 000 FCFA (137 €).

Curtis s'oblige ainsi à régler à bonne date, son loyer en réduisant certains postes de dépenses.

Sur un salaire de 487 000 FCFA (742 €), **238 000 FCFA (363 €) est à présent la somme avec laquelle Curtis devra assurer ses autres dépenses mensuelles** (popote, carburant, réparations diverses, loisirs, factures, péages etc.) soit près de la moitié (49%) de son salaire est absorbée par ses échéances et son loyer.

Curtis commence à être en difficulté. Il ne parvient pas à vivre convenablement avec son reste à vivre.

***

Analysons !

A ce stade, les questions qu'il convient de se poser sont : Comment reprendre le contrôle sur ses dettes ? Comment ne pas perdre pieds ? Comment sortir de cette captivité naissante ? Comment se libérer ?

Si vous faites régulièrement des recherches sur le Web sur des solutions de sortie du malendettement ou du surendettement, vous serez probablement très vite surpris par l'orientation de mes conseils et avis, qui tranchent quelque peu, sinon royalement avec ce qui se raconte un peu partout dans les panels, meet'in, meet'out, formations, masterclass etc.
Mes conseils et avis tranchent encore avec ce que vous dira votre banquier (bien sûr) qui n'a généralement qu'une seule recommandation à vous faire, à savoir « rééchelonner votre dette ». **Grave** !

Avant toute chose, retenez que tout dépendra de vous ! Quel que soit votre situation d'endettement, il n'y aura que vous et vous seul pour sortir de l'impasse financière.

Si vous l'avez compris, alors vous êtes fin prêt à recevoir **LE « <u>PROGRAMME DE REDRESSEMENT</u> » afin d'une reprise de Contrôle, progressive mais sûre, sur vos Dettes**.

CHAPITRE VI : EN PARLER . . .

Tout commence par-là ! Parler de sa situation de malendettement ou de surendettement.

S'éloigner de ses proches est un **symptôme** fréquent de l'endettement. C'est parce qu'on a la fâcheuse tendance à considérer l'argent comme un sujet tabou. On ne le devrait pas pourtant, car les problèmes d'argent sont plus fréquents qu'on ne le croit.

Parler de sa situation financière avec quelqu'un est libérateur. Le simple fait d'en discuter avec un proche en qui nous avons confiance peut mener à trouver des solutions concrètes.
Évitez d'emprunter de l'argent à vos proches. Si jamais vous ne pouviez pas les rembourser, ça pourrait nuire à votre relation. Demandez plutôt l'aide d'un conseiller en redressement financier si vos problèmes d'argent vous semblent insurmontables.
Quand on a des problèmes d'argent, on préfère souvent garder cela pour soi. On ressent parfois de la honte ou de la culpabilité, alors on se dit qu'on va tout régler par soi-même. Sans qu'ils sachent pourquoi, nos proches remarquent qu'on est préoccupé et de mauvaise humeur. Ils voient qu'on rejette leurs invitations, parfois sans explications. Le résultat, c'est qu'on finit tous par se sentir moins proches.

Vous voulez éviter de vous enfoncer dans l'isolement ? Ne tombez pas dans le piège de **ces 5 mauvaises attitudes** ci-dessous. Affrontez votre peur : confiez-vous à une personne de confiance. C'est un bon point de départ pour reprendre votre situation en main.

Vous dire que personne ne doit être au courant de votre situation financière.

Un mois serré sur le plan financier, ça peut arriver à tout le monde. Pas besoin de tirer la sonnette d'alarme. Mais quand vos dettes traînent et risquent d'affecter votre bien-être et celui de votre couple ou de votre famille, il faut agir rapidement pour prévenir le pire.

Même si ce n'est jamais agréable d'annoncer ses soucis financiers, en parler à votre conjoint, à un ami ou à quelqu'un qui est déjà passé par là vous aidera beaucoup. Non seulement la discussion va vous soulager, mais elle pourrait déboucher sur des solutions concrètes.

Avoir peur de la réaction de vos proches si vous leur parlez de vos dettes.

Parmi toutes les personnes que vous connaissez, vos proches sont sûrement celles qui veulent le plus votre bien! Alors considérez-les comme des alliés. Leur dire que vous avez des soucis financiers ne sera pas nécessairement facile. Mais ils seront sûrement les premiers à vous soutenir dans vos démarches et à vouloir vous aider à vous en sortir.

Penser que vous pourriez mettre vos proches dans le pétrin en leur en parlant.

Il faut bien comprendre une chose : les dettes personnelles **demeurent personnelles**. Le simple fait d'en parler avec vos proches ne leur causera pas de tort. Ils n'auront pas à payer pour vous. Et personne ne viendra les harceler.

Par contre, vous pourriez être tenté d'emprunter de l'argent à vos proches pour régler vos dettes. Ou encore de leur demander de vous endosser pour obtenir un prêt. Bonne ou mauvaise idée ? La question à vous poser est celle-ci : si je n'arrive pas à rembourser mes proches ou s'ils sont poursuivis pour faire des paiements à ma place, est-ce que j'aurai vraiment amélioré ma situation ?

Croire que vous perdrez tout.

Vous le savez, vos dettes ne disparaîtront pas par magie. Tôt ou tard, vous devrez les payer ou vous en libérer. Mais si vous avez peur de tout perdre en vous lançant dans une démarche comme celle-là, vous vous trompez.

Vous êtes loin de tout perdre !

Vous imaginer que vous êtes tout seul pour vous en sortir.

En plus de vos proches, votre meilleur allié pour retrouver le chemin de la santé financière est un conseiller en redressement financier. Un conseiller en redressement financier est là pour vous aider à voir plus clair dans vos finances et pour vous proposer la meilleure solution pour que vous repartiez à neuf. Il a le recul et l'expertise nécessaires pour analyser votre situation, sans jamais vous juger.

Le rôle d'un conseiller est aussi de vous épauler dans toutes les étapes de votre démarche, jusqu'à la libération complète de vos dettes. Et il peut même devenir le point de contact de vos créanciers. C'est tout un poids qui disparaît de vos épaules, parce que vous n'avez plus besoin de répondre à leurs appels incessants.

Vous vous sentez prêt à parler de votre situation? C'est une très bonne chose ! Bravo pour ce 1er pas.

CHAPITRE VII – REDUIRE SES CHARGES . . .

Comme nous l'avons évoqué ci-avant, la détresse financière est souvent causée par un changement brutal : séparation, maladie, accident… Un choc de la vie qui fait chavirer une situation pourtant équilibrée au premier abord.

Après ce choc, on a des problèmes plus urgents à gérer que les finances. On dépense sans compter pour colmater les brèches, assurer un confort minimal, et c'est tout à fait normal.

Une fois les urgences passées, on retarde le moment de remettre ses finances en ordre. On fait l'autruche un moment, le temps d'accepter la nouvelle situation.

Arrive alors un premier découvert ou un prêt, puis un deuxième « le temps d'y voir plus clair », puis un troisième…
Et c'est malheureusement un point d'entrée insidieux dans les difficultés et problèmes financiers.

Mais l'entrée dans la zone dangereuse n'est pas toujours liée à un événement de la vie. Elle est parfois insidieuse et progressive.

Certains ménages (y compris à hauts revenus) sont sur une trajectoire dangereuse sans le savoir.
En vivant au-dessus de leurs moyens, ils affaiblissent chaque mois leurs fondations financières.
En apparence, tout va bien : notre couple a des revenus confortables, un train de vie plaisant sans être extravagant, une bonne sécurité professionnelle...

Compte tenu de leur profil rassurant, la banque leur octroie des concours financiers à conditions avantageuses, des découverts qu'ils utilisent de temps en temps pour se faire plaisir ou lorsque la trésorerie est un peu juste.
Mais en coulisse, un drame se prépare. Un œil averti (celui d'un conseiller financier spécialiste du budget par exemple) verrait rapidement que la situation n'est pas tenable.

J'emploie souvent l'image d'une voiture de sport conduite à vive allure. La vitesse rallonge les distances de freinage et rend les virages plus difficiles à négocier. Le risque de sortie de route en cas d'imprévu augmente considérablement, avec de très graves dommages en cas d'accident. **Maîtriser la vitesse en toute sécurité ne s'improvise pas !**

Je vous récapitule les **principaux indicateurs de risque budgétaire :** un taux d'endettement supérieur à 40%, un taux de charges fixes supérieur à 70%, un taux d'épargne disponible inférieur à 10%... lesquels signalent une situation dangereuse à long terme et des problèmes financiers très probables.

On parle de **surendettement passif** lorsque la personne est victime d'un événement extérieur et de **surendettement actif** lorsqu'elle est victime de son propre comportement. Ce dernier cas représenterait environ la moitié des cas de surendettement.

Lorsque les échéances de dette ne laissent plus assez pour vivre, on se rapproche dangereusement du gouffre financier.

Chaque mois, les intérêts et frais divers s'ajoutent au montant à rembourser, réduisant encore le reste à vivre et forçant à chercher un nouveau découvert. Toujours à découvert, la vie est transformée en enfer par les banques et les créanciers. Les organismes de crédit vous harcèlent, le loyer crée un prélèvement douloureux chaque mois.

À cette situation financière difficile s'ajoute un désastre psychologique : culpabilité, perte d'estime de soi face à la famille, aux enfants… parfois malgré un bon salaire.

C'est **un brouillard qui paralyse et rend incapable de faire le premier pas pour s'en sortir**. Par pudeur, par honte, ou par sentiment de le mériter, on refuse d'en parler. Les difficultés se cumulent.
Le choc est d'autant plus grand que l'on se pensait immunisé contre les découverts non autorisés, les rejets de prélèvements et le risque d'interdiction bancaire.
On a peur d'ouvrir le courrier, peur de consulter sa liste d'appels manqués, peur lorsque la caisse du supermarché met quelques secondes pour valider le code de la carte...
Mais pour garder la tête haute, **on s'accroche aux habitudes de consommation précédentes tout en sachant que cela empire le budget.** Mais que dire à ses proches lorsque l'on ne peut plus sortir ? Que raconter à ses enfants lorsqu'on ne peut pas leur faire de cadeaux ?
Alors on s'invente des histoires. Peut-être qu'en jouant au loto ou à X-Bet on s'en sortira ? Peut-être que la boutique de lingerie perdra les chèques ?
On pratique la fuite en avant avec les chèques et découverts. Mais le compte bancaire devient de plus en plus chaotique : le salaire du mois suivant est consommé avant qu'il n'arrive…
La situation semble sans issue.

La chose à faire à ce stade après vous être ouvert à un proche ou un conseil financier qui ne vous jugera pas, est qu'il faut analyser son budget et réduire au plus tôt ses charges.

Comment ? En suivant ces 10 recommandations :

a) Déménagez ou cohabiter
b) Faites le vous-même. ...
c) Mangez à la maison. ...
d) Magasinez de façon plus intelligente. ...
e) Éliminez les frais domestiques inutiles. ...
f) Consommez moins d'énergie. ...
g) Marchez, faites du vélo ou utilisez davantage le transport en commun.
h) Trouvez des façons moins chères de vous divertir.
i) Faites du sport, faites attention à votre santé
j) Arrêtez le tabac, arrêtez l'alcool, faites attention à votre santé

a) Réduisez vos charges d'habitation

Si vous habitez une maison que vous louez, il est temps de penser à déménager ou à se trouver un colocataire. A vous de choisir.
C'est vrai que cela n'est pas très commode ; mais dites-vous que cela est provisoire, qu'il s'agit juste d'une période transitoire qui ne va aucunement nous rendre moins digne qu'on ne l'est déjà. Rappelez-vous votre objectif de reprendre le contrôle sur vos dettes. C'est cet objectif qui doit vous guider et que vous devrez absolument fixer tout au long de ce processus de sortie de crise.

Dans chaque agglomération, il y a des quartiers chics et chers, des quartiers abordables pour la majorité de la population et des quartiers malfamés.

Si vous vivez en tant que locataire dans l'un de ces quartiers huppés, je vous recommande de migrer (provisoirement) vers un quartier populaire où le coût du loyer peut être 2 à 3 fois moins élevé. Votre reste à vivre se verra augmenter aussitôt, ce qui contribuera à améliorer vos finances.

Si par contre, vous vivez en tant que locataire dans un quartier populaire, l'idéal serait de cohabiter avec quelqu'un avec qui vous partagerez les charges domestiques.

Croyez-moi, il existe en Côte d'Ivoire beaucoup de personnes vivant en colocation (généralement dans les quartiers prisés par les immigrés européens). Oui, vous m'avez bien lu. Les coûts locatifs parfois onéreux dans ces quartiers les obligent à vivre en communauté en suivant un « règlement de cohabitation » et à se répartir mensuellement les charges.

Et si vous êtes locataire dans un quartier malfamé, rien n'est perdu. Levez la tête et fixez l'horizon ! Le coût d'un loyer dans un quartier malfamé d'Abidjan (par exemple) correspond au coût d'un loyer dans un quartier populaire d'une petite ville de l'intérieur du pays.

Malgré tout ce qu'on veut nous faire croire, émigrer ou se déplacer est généralement une très bonne chose.

Depuis la création du monde, les peuples ont toujours migré vers de verts pâturages ; certains beaucoup plus que d'autres c'est sûr. Mais ce qu'il faudrait retenir est que si les conditions de vie sont difficiles dans un endroit, l'eldorado peut être ailleurs.

*[**Attention** ! Je ne suis pas en train de faire l'apologie des migrations à haut risque. Je suis d'ailleurs contre cette pensée commune qui veut nous faire croire que l'Europe serait meilleure en termes d'opportunités que l'Afrique noire.*

Tellement de Pays, notamment anglophones, commencent à nous démontrer que l'Afrique est un Eldorado.

Et la Côte d'ivoire, à l'instar de ces pays anglophones, nous montre aussi le chemin aux autres pays francophones d'Afrique noire. L'Afrique est désormais la Terre de toutes les opportunités car Tout est à faire chez nous.]

Je veux juste faire comprendre que chacun devrait penser à se déplacer vers d'autres horizons si ses conditions de vie sont difficiles dans un endroit donné.
Si pour des raisons de santé, professionnelles, familiales ou autres, il vous est impossible de quitter la ville dans laquelle vous vivez, envisagez la cohabitation et si cela est aussi impossible, passez directement à la 2ème recommandation.
A la lecture des 03 cas d'espèce, vous noterez que quel que soit la situation, une solution existe et que vous ne perdrez rien en suivant le « **PROGRAMME DE REDRESSEMENT** ».

Enfin, si votre déménagement devrait contribuer à aggraver de façon exponentielle vos frais de déplacement (par exemple), ou si votre cohabitation devrait altérer considérablement votre quiétude ou aggraver inéluctablement votre mal-être, maintenez votre emplacement actuel et passez à la 2ème recommandation.

b) Faites le vous-même !

Il y a tellement de choses que nous pouvons faire de nous-même: les travaux de peinture de plomberie, de maçonnerie de nettoyage etc.

En effet, pour réduire ses charges il faudrait absolument pouvoir identifier les nombreuses choses que nous pouvons faire de nous-mêmes.

L'exercice est tout simple : prendre un stylo et une feuille et noter toutes les tâches domestiques que nous pourrions être amenés à effectuer ou à faire effectuer par des prestataires.

Dès que cela fait, il s'agira d'identifier les tâches qui ne nécessitent pas de grandes technicités ; des compétences donc que nous pouvons facilement apprendre au travers d'Internet (par exemple) et qui nous aideraient à ne pas recourir aux soins de prestataires.

Si vous avez pour habitude de commander le déjeuner chez un restaurateur, pensez dès à présent à préparer vous-même vos plats les jours de libre ou le weekend afin de chaque jour transporter votre déjeuner à votre lieu de travail.
Cela vous évitera de payer les frais de restauration au quotidien et vous permettra de faire des économies.

Dans sa période de disette, Curtis a dû apprendre le béaba de la menuiserie, le béaba de la mécanique et le béaba de l'électricité.
Ces quelques connaissances acquises lui ont permis et lui permettent toujours d'ailleurs, d'éviter de se payer les frais de prestataires qui s'avèrent être de plus en plus onéreux.

Et même quand la prestation à fournir requiert plus de technicité, l'avantage que l'on a de connaître le béaba est que nous pourrons nous-même acheter à la quincaillerie du coin, la pièce ou les pièces défectueuses, puis solliciter les soins d'un technicien expert et discuter en ce moment-là uniquement de sa main-d'œuvre. L'on s'évite ainsi que l'expert surfacture les pièces à acheter en sus de sa main-d'œuvre.

Ce qu'il faut retenir ici est qu'il ne faut rien négliger lorsque nous nous embarquons dans un programme de redressement de ses finances personnelles. Absolument rien ! La reprise de contrôle sur nos dettes en dépend royalement.

En effet, ce sera la somme de toutes ses économies qui permettront au candidat au redressement, d'accroître significativement son reste à vivre.

c) Evitez le Restaurant !

Pendant toute votre période d'hibernation si je peux la qualifier ainsi, et comme nous l'avons évoqué plus haut, il est dans votre intérêt de ne nullement vous laisser embarquer dans des dépenses futiles.

En effet, une sortie au restaurant est une dépense futile pour la simple raison qu'il ne s'agit pas d'un besoin mais plutôt d'un désir, sinon d'une pulsion que vous voulez satisfaire, mais que vous pouvez éviter.
Dès lors, je vous défends avec la dernière énergie de vous soumettre à vos pulsions pendant tout le temps de votre cure.
Mangez donc chez vous ou chez vos parents afin de faire des économies. Si vous êtes célibataire, efforcez-vous de faire des courses mensuelles afin de vous éviter de nombreux frais de déplacement.

Si vous êtes en couple, convainquez votre partenaire d'opter pour une vie plus frugale le temps pour vous d'assainir vos finances.
En cas de difficulté, rapprochez-vous d'un proche ou d'un conseiller en redressement financier.

d) Faites vos courses de façon plus intelligente

L'une des façons les plus sûres de faire ses courses de manière intelligente consiste à s'en tenir le plus possible à la liste rédigée : on évite ainsi les achats superflus et, par conséquent, le gaspillage. À parité de produit, il convient de vérifier s'il existe des conditions d'achat favorables à l'achat d'un produit plutôt qu'un autre (prix inférieur, quantité supérieure, offres cumulables ou non, date de péremption plus longue et ainsi de suite).

Éviter les achats compulsifs, de produits par exemple que l'on ne consommera pas, n'est pas seulement une règle dictée par le bon sens mais aussi le conseil le plus important pour faire ses courses de manière intelligente et économiser.

Les structures des supermarchés ont une logistique et un positionnement des produits assez similaires et bien étudiés par les experts en marketing. Le rayon fruits et légumes se trouve souvent à proximité de l'entrée, pour donner une idée immédiate de propreté et de fraîcheur, tandis que chewing-gums, œufs en chocolat, bonbons et recharges de téléphone sont habituellement disposés le long des caisses, car en attendant on pourrait penser à acheter autre chose. En outre, les articles pour enfants sont placés à hauteur de leur regard... **allez faire les courses sans enfants** !

En exploitant des attitudes typiques du comportement humain, même la disposition des produits sur les rayonnages n'est pas le fruit du hasard : on lit de gauche à droite, et les produits les plus chers sont donc habituellement placés en haut à gauche, pour arriver aux moins chers qui se trouvent ainsi en bas à droite. Cette technique est liée à un autre comportement des gens qui font leurs courses, particulièrement courant, chez les hommes âgés de 20 à 50 ans, qui consiste à entrer et sortir le plus vite possible du supermarché. Ces personnes ont tendance à acheter le premier produit qui se trouve sous leurs yeux (en haut à gauche justement).

Ne pas être pressé est bien entendu une qualité fondamentale pour faire des achats ciblés et réfléchis, pour ne pas arriver à la caisse avec un chariot rempli de choses

superflues et coûteuses. Chercher les meilleurs produits en se basant sur le rapport qualité-prix est l'une des choses les plus intelligentes à faire.
Un dernier conseil, mais pas des moindres, spécifique pour l'achat de fruits et légumes consiste à tenir compte des produits de saison. Il est intéressant d'acheter des fruits et légumes de saison car les prix au kilo sont nettement plus bas que ceux des aliments hors saison.

Une autre chose à avoir est qu'il faut acheter des produits qui ont une date de péremption la plus lointaine possible :

- pâtes ;
- divers condiments ;
- apéritif (boissons, chips et biscuits en général) ;
- lait frais ;
- café ;
- surgelés (viande, légumes)
- etc.

e) Eliminez les frais domestiques inutiles

Avez-vous nécessairement besoin d'un abonnement à la 5G ou à la fibre optique ?
Avez-vous vraiment besoin d'un jardinier pour la tonte de vos gazons ? Ou pour la coupe de vos plants ?
Avez-vous réellement besoin d'un dresseur ou d'un toiletteur pour votre animal de compagnie ?
Avez-vous absolument besoin d'un téléphone fixe avec abonnement à votre domicile ?
Avez-vous besoin d'un vigile ou d'un agent de sécurité ?
Avez-vous vraiment besoin d'un répétiteur pour votre enfant ?
Avez-vous besoin de 2 téléviseurs à votre domicile ?

Avez-vous besoin d'un personnel de maison ?

Etc.

Non ! Non et Non ! Ce sont certes des commodités non négligeables ; mais ce sont des commodités dont on peut s'en passer.

Décidez donc de supprimer toutes ces charges domestiques non impératives et vous verrez par vous-même l'économie que vous ferez dès votre 1er mois.

f) Réduisez votre consommation d'énergie

Faites le point sur votre consommation d'électricité

Faire des économies d'électricité, c'est non seulement bon pour la planète, mais c'est aussi positif pour votre budget. Car, comme le dit un adage bien connu, l'électricité la moins chère, c'est celle que l'on ne consomme pas !

Je vous aide à adopter des éco-gestes pour consommer moins d'électricité à la maison, grâce à quelques astuces lumineuses.

La première chose à effectuer avant de vous lancer dans la traque aux économies d'énergie dans la maison, c'est de faire le point sur votre consommation d'électricité à l'heure actuelle.

Reportez-vous **à vos dernières factures pour établir une moyenne de votre consommation annuelle** et relevez le défi : faire baisser drastiquement vos consommations d'électricité.

Faites la chasse aux appareils en veille

Les appareils en veille, même s'ils sont éteints, consomment de l'électricité. Et il ne s'agit pas seulement de la télévision, des consoles de jeux, des ordinateurs, auxquels tout le monde pense.

Sachez que votre cafetière, votre four à micro-ondes, votre grille-pain et le gros électroménager sont aussi responsables de « consommations fantômes ». Pensez à les arrêter et à les débrancher lorsque vous ne les utilisez pas.

Pour vous simplifier la vie, branchez ces appareils sur **une multiprise avec interrupteur** – cela vous évitera de tirer l'appareil, souvent lourd, pour le débrancher du mur. Encore plus simple, optez pour des **prises « intelligentes »**, qui détectent les appareils restant en veille et les arrêtent automatiquement.

Pour vos appareils électroniques (tablettes, ordinateurs), réglez leurs paramètres afin qu'ils s'éteignent systématiquement au bout d'un temps établi. Cela vous permettra de réduire de 50 % votre consommation d'électricité due à leur usage.

Choisissez des appareils électriques moins énergivores

Les fabricants doivent désormais indiquer le classement énergétique des appareils électriques qu'ils produisent. Pour bien choisir vos équipements, le mieux est donc de privilégier l'achat des « bons élèves », car, par exemple, un appareil bénéficiant d'un A consomme entre un tiers et deux tiers d'énergie en moins qu'un appareil classé D.

Les économies ne sont pas négligeables et la différence de prix est vite compensée par la réduction de votre facture d'électricité. D'une manière générale, optez pour des appareils « multifonctions », car ils consomment moins que la somme des consommations des appareils qu'ils remplacent. Ainsi, il est préférable d'utiliser un combiné imprimante-scanner-photocopieur qu'une imprimante + un scanner + un photocopieur.

Des LED, oui mais pas pour la déco

Les lampes à **LED consomment peu d'électricité et durent longtemps** (jusqu'à 40 000 heures), de quoi compenser leur prix d'achat. C'est la meilleure solution d'éclairage domestique, à condition qu'elles durent plus de 20 000 heures et soient bien classées sur l'étiquette énergie.

Attention à l'effet « LED de déco » qui apparait de plus en plus sur des meubles. Ces LED ne sont d'aucune utilité pour l'éclairage mais consomment pourtant de l'électricité.

Ne pas laisser allumer de lumières inutiles

Éteignez les lumières en sortant d'une pièce.

Privilégiez les couleurs claires pour le revêtement de votre intérieur (murs, sols, abats jour...) car elles réfléchissent mieux la lumière alors que les couleurs sombres l'absorbent.

Placez les canapés, bureaux près de fenêtres et profitez le plus longtemps possible de la lumière naturelle.

Limiter la taille et la luminosité de la TV

Des téléviseurs toujours plus grands entrent dans les salons, mais ils consomment plus d'électricité : un téléviseur de 160 cm (diagonale) consomme autant que 3 ou 4 téléviseurs de 80 cm.

En diminuant la luminosité de la télévision manuellement ou par contrôle automatique, vous diminuerez la consommation électrique de votre appareil d'environ 25 %.

Ne pas laisser brancher les ordinateurs et consoles de jeux quand vous ne les utilisez pas

Souvent laissés en veille ou en pause, ces appareils consomment inutilement de l'électricité. Mieux vaut les éteindre complètement quand on ne s'en sert plus.

g) Marchez, faites du vélo, utilisez les transports en commun

Assurance voiture, usure des pièces automobiles, prix de l'essence en hausse, frais de stationnement : il devient de plus en plus difficile pour les automobilistes de couvrir tous les frais liés à la voiture pour se déplacer !

Ainsi, emprunter les transports en commun, c'est aussi la promesse de **réaliser des économies dans ses déplacements du quotidien.** En plus de cela, les personnes empruntant les transports en commun se libèrent du stress de la conduite et des embouteillages aux heures de pointe sur l'agglomération.

Ce facteur ne vous vient, sans doute, pas tout de suite à l'esprit mais prendre les transports en commun vous permet d'avoir une activité physique dans la journée et parfois plus que l'on peut l'imaginer ! Aller de véhicule en véhicule peut constituer une vraie épreuve olympique. Le trajet effectué aura tendance à vous rapprocher des 10 000 pas recommandés par jour par les coachs sportifs et coachs en santé et bien-être. Durant les heures de pointe, il s'avère d'ailleurs assez rare de disposer d'une place assise, ou encore y a-t-il de longues files d'attente. Vous restez donc principalement debout si vous êtes dans un bus, ce qui fait travailler vos muscles et brûler des calories !

Et quand on conduit, on conduit. Il reste très difficile de faire plusieurs choses sans risquer un accident ou une amende policière (encore de frais). Dans les transports en commun, il est parfois possible de lire ou encore de travailler que ce soit grâce à vos objets connectés ou encore tout simplement en imprimant au préalable certaines informations que vous pourrez tranquillement lire dans les transports. Votre esprit généralement peut vagabonder et vous pouvez avoir des idées nouvelles voire un minimum de temps pour réfléchir, ce qui est plus difficile quand vous êtes concentré sur votre conduite.

Il existe, tout de même, un avantage à prendre la voiture personnelle par rapport aux transports en commun : **le confort personnel**.

Qui ne préfère pas rester tranquille dans son véhicule plutôt qu'être entassé avec plein de personnes dans les transports en commun ? Mieux installé, vous pouvez écouter votre musique préférée sans gêner qui que ce soit et vous n'avez pas à supporter les éventuelles discourtoisies des autres. Un argument de poids, certes, mais qui ne doit pas primer sur le reste.

Mais si vous tenez absolument à garder votre véhicule, proposez à 4 collègues de les transporter en contrepartie d'une contribution financière correcte et conforme au confort de votre véhicule, ou encore inscrivez-vous sur les différentes plateformes de VTC[15] afin de générer des flux entrants grâce à vos passagers.

Opter pour les transports en commun plutôt que la voiture représente ainsi de nombreux avantages. Pour atteindre votre destination, vous pouvez emprunter le bus, le bateau-bus, bientôt le métro ou le train urbain (en ce qui concerne les abidjanais[16]) ou les taxis intercommunaux ou emprunter les VTC à plusieurs ou encore les mini-bus communément appelés les gbakas en Côte d'Ivoire. Vos trajets ne rimeront plus avec solitude.

Et si vous avez la possibilité de vivre à 02 pas de votre lieu de travail, il vous faudra privilégier la marche ou le vélo, nettement moins cher que le véhicule et qui vous maintiendra en bonne santé.

h) Trouvez des divertissements pas chers

Nous avons les commérages qui sont des divertissements très appréciés des jeunes ivoiriens en général et qui sont gratuits. Je ne vous encourage pas à commérer mais si cela peut vous divertir sans vous appauvrir, laissez-vous aller bon train.

[15] L'acronyme VTC signifie « **Véhicule de Tourisme avec Chauffeur** » ou « Voiture de Transport avec Chauffeur ».

[16] Habitant de la ville d'Abidjan

Si vous aimez la lecture, profitez de vos moments de libre pour lire des livres gratuits sur le Web.
Vous aimez le sport ? Prenez plaisir à intégrer une équipe de football ou de basketball de votre quartier avec qui vous pourrez jouer ou profitez de vos temps libres pour un jogging, la marche etc. vous n'avez pas besoin d'une salle pour entretenir votre corps.
Si vous êtes plutôt casanier, étendez-vous dans votre divan et suivez vos programmes télé préférés ou défilez sur tiktok, facebook, instagram…

L'idée est vraiment d'identifier les choses qui peuvent vous plaire et qui ne vous feront pas dépenser un centime. On s'est compris ?

i) Faites du sport, faites attention à votre santé

Le sport, c'est bon pour la santé et… la performance économique.
La question des bienfaits de l'activité physique et sportive pour la santé est en train de s'imposer comme un sujet majeur de société. Et il est voué à prendre une ampleur croissante pour des raisons structurelles. Les pouvoirs publics en font un axe privilégié de communication et d'actions, en raison de la multiplication des maladies chroniques et de la nécessité de lutter contre les déficits des comptes sociaux.
Simultanément, la montée en puissance des préoccupations relatives au bien-être des salariés et à la prévention des risques psychosociaux, ainsi que la nécessité de trouver de nouveaux leviers pour optimiser la performance, place cette thématique au cœur de la vie des entreprises.

Chacun a en tête le trait d'esprit de Churchill, qui aurait répondu à un journaliste l'interrogeant sur les raisons de sa longévité : *« No sport »*.

Cependant, il n'existe aucun témoignage confirmant qu'il ait prononcé cette réplique. Et s'il l'a fait, c'était clairement une boutade : Sir Winston était un grand sportif, joueur émérite de polo, champion d'escrime et de natation. Les Anglais savent d'ailleurs, depuis longtemps, à quel point l'activité physique est bénéfique pour la santé. L'une des premières recherches scientifiques sur le sujet, intitulée *« Coronary heart disease and physical activity of work »*, publiée en 1953, montrait que les contrôleurs des autobus londoniens avaient une probabilité moitié moindre de développer des maladies cardiovasculaires que les conducteurs, car les premiers ne cessaient de monter et descendre l'escalier, tandis que les seconds passaient leur journée assis.

Aussi, les bénéfices pour la santé d'une pratique sportive régulière sont aujourd'hui validés par de nombreuses publications. Par exemple, dans l'étude *« Golf : a game of life and death »* de 2009, des chercheurs ont comparé les 300 000 licenciés de golf suédois à une population témoin ayant la même structure démographique et le même niveau socio-économique mais ne pratiquant pas de sport.

Ils ont montré que la pratique régulière du golf prolongeait l'espérance de vie de cinq ans en moyenne. Bien entendu, ce n'est pas seulement une question de durée mais aussi de qualité de vie. Une pratique sportive, à la fois régulière et raisonnable, contribue à la prévention de certaines pathologies (plusieurs formes de cancers, certains diabètes, etc.), avec une diminution de l'ordre de 15 à 30 % du nombre de cas en fonction des affections, selon le tome 196 du Bulletin de l'Académie de Médecine de 2012 sur « Les activités physiques et sportives : la santé et la société » ; Ce qui nous évite des dépenses évitables.

En outre, pour beaucoup de maladies, une activité sportive adaptée aide à mieux supporter les traitements, améliore les perspectives de guérison et diminue les risques de rechute. Enfin, la pratique du sport favorise la lutte contre le stress et la dépression (sources de beaucoup de maladies budgétivores).

j) Arrêtez le tabac, arrêtez l'alcool, faites attention à votre santé

Vous remarquerez que j'insiste sur la préservation de la santé. Ce n'est pas fortuit. Les problèmes de santé font partie des plus grosses sources d'appauvrissement car en sus d'être la cause de nombre de dépenses quasi obligatoire (sauf si l'on est suicidaire), ils empêchent de travailler convenablement et de générer ainsi des revenus.

Est-ce que vous buvez de l'alcool ? Probablement! Mais, **savez-vous combien vous dépensez en consommation d'alcool chaque année?** Je ne peux pas répondre pour vous.
En arrêtant de fumer, vous réalisez d'importantes économies. Un ancien fumeur fumant un paquet par jour peut économiser plus de 300 000 FCFA/an sur la base d'un paquet à 850 FCFA. De quoi plusieurs échéances de dettes !

Aussi, le budget cigarette inclut également de nombreuses dépenses supplémentaires : investissement dans un énième briquet, dépannage des amis, sans compter les frais médicaux liés aux effets du tabac. En résumé, le coût du tabac dans votre budget personnel ne se limite pas à l'achat des simples paquets de cigarettes.

Ce n'est plus un secret pour personne, en plus d'amocher vos belles dents, vos ongles, votre chevelure de rêve et votre peau, fumer est extrêmement dangereux pour la santé. Et pourtant, même en étant parfaitement conscient de tout cela, vous ne parvenez pas à arrêter. Et quand vous y arrivez, vous reprenez quelques jours/semaines plus tard.

Si vous avez entrepris d'arrêter de fumer, mettez chaque semaine dans une tirelire l'équivalent de ce que vous auriez dépensé si vous fumiez encore. Vous verrez rapidement à quel point la cigarette **vous entraînait dans un véritable gouffre financier**. En outre, la tirelire est une manière très concrète de visualiser ce que vous n'avez pas dépensé depuis que vous avez arrêté de fumer. Elle permet de transformer votre courage en récompense réelle, que vous pourrez utiliser pour d'autres choses bien plus intéressantes comme **rembourser progressivement et surement vos dettes**. Eh oui !

Alors, maintenant que nous avons parcouru ensemble 10 moyens efficaces de réduire considérablement ses charges, et améliorer ainsi son reste à vivre, il vous faut à présent réfléchir à accroître vos revenus. N'est-ce pas que vous voulez sortir de cette captivité ? N'est-ce pas qu'en achetant ce livre, vous vous êtes dit qu'il faut que vous sortiez victorieux de cette bataille et qu'*in fine* les dettes soient à votre service. Car ne l'oubliez pas, ce livre est destiné à former les Gagnants du crédit et à transformer les rêveurs et les pleurnichards en Gagnants.

CHAPITRE VIII – AUGMENTER SES REVENUS . . .

Quand on est salarié, compter sur une carrière unidirectionnelle n'est plus la stratégie privilégiée pour avancer et notamment pour atteindre l'indépendance financière. Pimentez votre vie avec un peu d'entrepreneuriat !

a) Conduire un VTC[17] (Yango, Uber etc.)

Vous avez une voiture et un peu de temps libre ? Uber ou Yango constitue une excellente idée pour gagner de l'argent tout en étant en fonction dans une boîte. Commencer une activité en tant que chauffeur ne nécessite pas un nouvel investissement de votre part – simplement la volonté de **tirer profit de votre propre véhicule !** C'est une bonne opportunité pour les personnes qui souhaitent gagner de l'argent durant leurs temps libres ou à l'occasion de leurs trajets professionnels.

b) Commencer un e-commerce

Internet donne à chacun la capacité de créer un business en ligne à partir d'un ordinateur ou d'un smartphone. Créer son business en ligne est également une excellente idée pour gagner de l'argent tout en étant salarié.

Créer votre business en ligne vous donnera même l'opportunité de pouvoir abandonner le salariat et devenir un auto-entrepreneur à terme.

---

[17] L'acronyme VTC signifie « **Véhicule de Tourisme avec Chauffeur** » ou « Voiture de Transport avec Chauffeur ».

Mais comment monter son entreprise pour faire de la vente en ligne ou du e-commerce ? Il vous suffit de trouver quoi vendre sur internet et de créer une page et/ou un site de vente en ligne.

c) Gérer un Portefeuille d'Investissements

Si aucune idée création d'entreprise ne vous tente, la gestion de portefeuille financier constitue une alternative à explorer pour augmenter vos revenus. Les nouvelles technologies mobiles rendent la gestion d'un portefeuille financier plus accessible que jamais.

La génération Y crée dorénavant des stratégies de revenues depuis leur smartphone et réalise des opérations financières à la même vitesse que les acteurs du marché de Wall Street. Si vous cherchez une idée pour gagner de l'argent tout en étant salarié, la gestion de portefeuille financier est une piste à exploiter.

d) Tutos en Ligne

Faire des tutoriels est également une excellente idée pour gagner de l'argent tout en étant salarié. Vous pouvez réaliser des Tutos depuis votre téléphone ou votre tablette.
Faire des tutoriels en ligne permet de créer son business en ligne sans argent ou avec un petit budget. Tout ce dont vous avez réellement besoin, c'est de l'expertise dans un domaine.

Pour monétiser votre expertise grâce aux tutoriels que vous produirez, il vous suffit de lancer un site internet ou un blog et de monétiser l'accès aux différentes vidéos, e-book ou articles.

Vous pourrez vendre vos tutoriels par module ou par fichier. Lancer une chaîne Youtube vous permettra également de gagner en visibilité et de percevoir un revenu supplémentaire en addition à votre site internet. Notez que ce type de business en ligne nécessite d'avoir une audience ou une communauté pour être rentable.

e) Vente en Ligne

Par vente en ligne, l'on sous-entend normalement une idée de création d'entreprise. Mais ici, il s'agit d'une simple idée pour gagner de l'argent tout en étant salarié.

Vous pouvez parfaitement faire de la vente en ligne sans devoir lancer un business en ligne ou ouvrir un site e-commerce.

L'idée ici est de faire de la vente de particulier à particulier. Que vous vendiez ce qui traîne dans votre grenier ou que vous cherchiez activement des produits particuliers, c'est faisable durant votre temps libre, sans nécessiter de grands investissements en terme d'infrastructures.
Pour vendre vos produits, il vous suffit d'exploiter les différents groupes sur les réseaux sociaux comme Facebook ainsi que les sites d'annonces en ligne.

f) Faites de votre passion, votre métier

Oui, votre passion constitue une bonne piste pour trouver une idée pour gagner de l'argent tout en étant salarié. Cela pourrait même vous permettre véritablement de lancer un business en ligne. Beaucoup de personnes font une seconde carrière en monétisant leurs passions.

Vous pouvez par exemple vendre des produits liés à votre passion :

- Si vous êtes par exemple passionné de musique : la guitare par exemple, vous n'êtes pas obligé de devenir professeur de musique pour gagner de l'argent. Vous pouvez tout à fait vendre des instruments choisis par vos soins depuis votre site internet ;

- Si vous êtes passionné de bricolage, vous pouvez parfaitement vendre des outils en ligne, avec comme toile de fond des petits tutoriels et des conseils pratiques ; Être passionné signifie ici être un connaisseur dans un domaine particulier. Guidez vos prospects dans le choix des matériels et produits que vous vendez, faites leur des démonstrations lors de vos tutoriels.

De nombreux passionnés partagent également leurs vidéos en tant que blogueur-vlogueur sur des plateformes comme YouTube, Tiktok pour partager leur passion et/ou apprendre aux autres leur talent.

Il y a toujours quelqu'un pour n'importe quelle « *how to* » vidéo, alors postez les vôtres et vous verrez bien qui les regardera ! Une excellente idée pour travailler de chez soi pendant son temps libre.

g) Associez-vous à un Marketer

Un Marketer associé est un nom sophistiqué qui désigne simplement une personne qui vend des produits pour quelqu'un d'autre.
Vous pouvez choisir de créer un business en ligne sur cette base ou opérer d'une façon plus traditionnelle : au porte-à-porte.

Assurez-vous de choisir des produits que vous aimez beaucoup, cela se reflètera dans votre manière de vendre.

h) Conception Web

Si vous cherchez à aider les personnes qui démarrent leur business en ligne, l'une des façons les plus pratiques et utile pour gagner de l'argent, c'est en devenant concepteur web. Beaucoup de personnes ne souhaitent pas s'embêter avec la partie technique que nécessite la gestion ou création d'un site internet.

C'est à ce moment-là que vous intervenez avec une valeur ajoutée qui peut être un bon revenu complémentaire.

i) Blogueur de Voyages / Créateur de Contenu

Beaucoup de personnes écrivent et partagent leurs voyages par instinct. Créer des e-books ou bloguer sur des expériences de voyage est une idée pour gagner de l'argent en monétisant cette expérience.

Nombreux sont les voyageurs qui subventionnent leurs aventures autour du monde par ce type de business en ligne. Cela vous permet d'emmener un appareil photo de grande qualité : les gens sont plus susceptibles de réagir à des photos haute définition.

***

La reprise de contrôle sur ses dettes implique nécessairement un accroissement de ses revenus. Et l'obtention de ces revenus complémentaires ne doit pas dépendre de votre employeur, mais de vous-même. Faites confiance en vos capacités à générer de l'argent ! Faites-vous confiance !

Vous pouvez grâce à de petites activités, grâce à de micro-investissements, créer de la richesse en générant plusieurs micro-revenus, qui, les uns empilés aux autres vous permettront de constituer un bon coussin financier.

***

A ce stade de notre conversation, je me dois de partager la suite de l'histoire de Curtis qui ayant pris conscience de son malendettement, a décidé de suivre fidèlement un plan de redressement de ses finances personnelles.

CHAPITRE IX – LE DEBUT DU REDRESSEMENT DES FINANCES DE CURTIS

Je vous racontais ci-avant que Curtis s'obligeait ainsi à régler à bonne date, son loyer en réduisant certains postes de dépenses.

De son salaire de 487 000 FCFA (742 €), **238 000 FCFA (363 €)** était désormais la somme avec laquelle Curtis devait assurer ses autres dépenses mensuelles (popote, carburant, réparations diverses, loisirs, factures, péages etc.) soit près de la moitié (49%) de son salaire était absorbée par ses échéances et son loyer.

Curtis commençait à être en difficulté. Il ne parvenait pas à vivre convenablement avec son reste à vivre.

Comme je vous le disais, une situation de malendettement est une situation certes inconfortable mais pas irrémédiable. Et la chose à faire en premier lieu est d'en parler, et de se décharger de ce lourd fardeau qui pèse, et sur notre tête, et dans notre esprit.

Curtis, après plusieurs nuits d'insomnie, a décidé de se confier à un proche Adam, lequel était un de ses amis d'enfance.

Celui-ci, malheureusement s'est empressé de le juger sur son attitude peu responsable, empreinte de spontanéité, d'impulsivité et de naïveté.

Adam, sans apporter de solution concrète n'a fait que reprocher à Curtis tout ce qu'il n'a pas su bien faire dès l'obtention de son contrat à durée indéterminée.

Pensant bien faire certainement et n'étant pas un expert en gestion des dettes ni un conseiller en redressement financier, Adam a erré dans ce rôle qui était devenu sien lorsque son ami Curtis est venu à lui.

Curtis s'en est voulu de n'avoir pas su éviter cette situation, similaire à un sable mouvant, dans laquelle il se trouvait désormais.
Il a regretté de n'avoir pas écouté attentivement les conseils de ses parents ainsi que ceux de ses aînés.
En effet, Curtis après avoir obtenu son contrat de travail à durée indéterminée, nombreuses sont les personnes qui lui ont recommandé de faire attention à ses dépenses, d'éviter de recourir aux usuriers, de se constituer immédiatement un coussin financier par le biais d'une épargne bloquée, de souscrire sans trop tarder à une opération immobilière etc.

Quand bien même il les avait tous écoutés, il n'a pas suivi leurs conseils à lui prodigués.

La réalité est qu'il est bien difficile de suivre les conseils des uns et des autres lorsqu'on n'est pas confronté aux mêmes désirs, aux mêmes projets, aux mêmes ambitions que la personne concernée.
C'est ce qui est arrivé à Curtis ; comme tout jeune de son âge il avait des envies de liberté, d'autonomie, et des programmes de divertissement qu'il ne pouvait manquer.

Après donc l'échec de cette première tentative de discussions avec son ami Adam à propos de ses problèmes financiers, Curtis s'est résolu à se rapprocher d'un frère aîné.

Contrairement à Adam, ce frère aîné a eu une meilleure approche car s'est contenté premièrement d'écouter religieusement Curtis.

Puis, il l'a rassuré sur le fait que sa situation n'était pas si catastrophique, tout en lui racontant des cas beaucoup plus grave (de surendettement par exemple).

Ainsi, il lui a fait noter qu'il était encore possible de reprendre la main sur ses finances.

Au sortir de cette rencontre, Curtis se sentait libéré de son fardeau. Il venait d'accomplir instinctivement la première recommandation de mon programme de reprise de contrôle sur ses dettes. Et comme j'ai eu à le dire *supra*, ne pas en parler, se taire sur ses problèmes financiers, vouloir faire fi de l'avancée grandissante de ses dettes dans l'assiette de ses revenus, peuvent s'avérer catastrophiques pour l'endetté.
Il ne faut absolument pas garder pour soi ses difficultés financières ; il ne faut absolument pas être dans un déni. Vous ne ferez qu'augmenter votre niveau de stress, qu'augmenter le risque de contracter des maladies liées au stress. Vous ne ferez qu'impacter négativement vos performances au travail car vous serez absorbé par vos pensées et vos réflexions sur vos échéances de remboursement à venir, sur vos échéances de loyer à venir, sur vos échéances de facture à venir etc.

Votre reste à vivre, étant nettement inférieur à vos charges domestiques restantes, vous serez constamment en quête de solutions pour pouvoir honorer vos engagements et vivre décemment, dignement sans recourir à un tiers.

Cette première étape franchie, Curtis devait à présent entamer résolument les étapes subséquentes du programme de redressement financier tel que détaillé *supra*.

Après s'être informé ici et là, Curtis décida de réduire ses charges et de trouver des moyens d'augmenter ses revenus.

Je vous disais donc que Curtis habitait le quartier d'Angré dans la commune huppée de Cocody, occupait un appartement de 02 pièces qu'il louait à 90 000 francs CFA, et qu'il avait un véhicule de type Peugeot 407.

Son véhicule, l'a-t-il appris à ses dépens, était devenu pour lui une véritable source de dépenses.
Il prit alors un stylo et une feuille et commença par noter toutes ses dépenses mensuelles. Il identifia 23 rubriques de dépenses.

Il constata avec stupéfaction que les frais en carburant et d'entretien de son véhicule constituent à eux seuls plus de 100 000 FCFA par mois soit un peu plus de 40% de son reste à vivre (soit 238 000 FCFA déduction faite des 02 échéances du crédit et le loyer mensuel).

En vue de réduire ses charges, Curtis décide alors de céder son véhicule. Il se lance ainsi à la recherche de potentiels acquéreurs de son véhicule en publiant sur plusieurs plateformes web, organise des visites et finit par le céder au coût de 3 500 000 FCFA (5 336 €).

Curtis s'est enfin débarrassé de ce bien qui constituait un véritable frein à une bonne gestion financière, eu égard aux pannes récurrentes et aux frais peu négligeables de carburant.
Il avait aussi à l'esprit un déménagement vers un quartier plus populaire où les loyers seraient plus accessibles. Il constatait qu'avec 70 000 FCFA/mois (107 €), il pouvait se loger décemment dans un quartier de Yopougon au Nord d'Abidjan, ou dans un quartier de Koumassi ou Marcory dans la partie Sud d'Abidjan.

Cependant, entre les frais de remise en état de l'habitation qu'il occupait, de transport des meubles, de démontages, d'aménagement et de remontages de certains mobiliers etc., l'idée de se transporter vers un autre quartier pour à peine 20 000 FCFA/Mois (30 €) d'économie, sans omettre le risque que le capital de 3 500 000 FCFA (5 336 €) soit utilisé, ne l'enchantait guère.

Il s'est donc résolu à demeurer dans cette habitation du quartier d'Angré ; toutefois, il se devait de trouver des moyens d'augmenter ses revenus.

Par ailleurs, Curtis décidait de suspendre ses sorties au restaurant et au bar, de transporter ses repas depuis son domicile jusqu'à son lieu de travail, de faire ses courses de façon plus intelligente, de faire attention à l'utilisation de son climatiseur split, de son four à micro-ondes etc. Bref ! **Un vrai plan martial !**

Encore Bravo Curtis !

Mais sur sa dette initiale cumulée de 8 500 000 FCFA (12 958 €), Curtis reste devoir environ un an après, un peu plus de 7 Millions FCFA (10 671 €).
Oui ! Vous avez bien raison de vous interroger. Les crédits de Curtis ne semblent pas avoir baissé considérablement même après environ 12 mois de remboursement.

Je vous le redis donc : après que la Banque vous octroie un crédit, bien que le montant remboursé reste le même durant tout le crédit [l'on parle d'amortissement constant], la part d'intérêts collectés par rapport à la part du capital remboursé **dans l'échéance mensuelle** est différente à chaque échéance.
Vous noterez alors que le montant à rembourser mensuellement reste le même, que **les intérêts prélevés dès le début du crédit sont toujours plus élevés que les intérêts prélevés en fin de crédit.** Et plus le crédit a une durée de

remboursement longue, plus la part des premiers intérêts par rapport au capital dans l'enveloppe mensuelle collectée par la Banque est élevée.

En d'autres termes, la Banque préfère d'abord se servir.

Curtis a l'opportunité de rembourser intégralement son premier crédit de 3 500 000 FCFA (5 336 €) et réduire ainsi son échéance mensuelle de 65 000 FCFA (99 €) (soit d'augmenter son reste à vivre du même montant de 65 000 FCFA (99 €)), ce qui n'est pas négligeable.

Cependant, il sait pertinemment que cette approche ne lui permettra pas d'augmenter rapidement ses revenus.
Curtis est conscient qu'il y a mieux à faire. Et oui ! Il y a beaucoup mieux à faire !

Avec un capital de 3 500 000 FCFA et des investissements réfléchis, correctement menés et suivis, il est bien possible d'augmenter ses sources de revenus et par ricochet, augmenter ses revenus.
Ayez-le toujours à l'esprit ! **L'objectif de cet ouvrage n'est pas de rembourser vos dettes, mais plutôt de reprendre le contrôle sur vos dettes, d'être le maître de vos dettes, de mettre vos dettes à votre service, de ne pas les subir, d'être un Gagnant !**

Curtis réfléchit alors à des idées d'investissement qui ne lui prendront pas trop de temps, qui ne nécessiteront pas de grands moyens financiers et dont la rentabilité sera appréciable.
Plusieurs idées lui trottent à l'esprit pendant plusieurs semaines.

Finalement Curtis opte pour la vente de produits aphrodisiaques pour hommes. Il crée une boutique en ligne qu'il fait appeler « Cure-dent Gouro ».

Il investit 100 000 FCFA pour sa première commande de produits aphrodisiaques, achète une carte de paiement en ligne à 10 000 FCFA qu'il crédite de 90 000 FCFA.
Pour un investissement global de 200 000 FCFA, Curtis lance sa toute première affaire.
Il commence par promouvoir ses produits auprès de ses proches, amis et collègues et aussi à les promouvoir sur ses pages Web qu'il a pris le soin de créer et qu'il anime pendant ses moments de libre.

Ses proches devaient alors s'habituer à voir un Curtis transformé en entrepreneur. Son attitude depuis le début de son plan de redressement l'a éloigné naturellement de certains de ses proches (vu qu'il n'était plus disposé à sortir pour les afterworks).

Mais, pour ne pas couper les liens avec ses anciens compagnons des sorties (car ils n'y sont pour rien), il communiquait régulièrement avec eux via les réseaux sociaux et leur expliquait ses nouveaux objectifs vu sa situation d'endettement.

A peine quelques jours suivant ses premières opérations de marketing que Curtis parvenait à faire sa première vente à l'un de ses collègues, puis à un autre, puis suivant les premiers retours satisfaisants, il réussissait à vendre ses produits aux proches de ses premiers clients suivant leurs recommandations et leurs retours positifs.

En presqu'un mois, Curtis épuisait son stock de départ. Il avait vendu toute sa marchandise à 135 000 FCFA soit une marge brute de 35 000 FCFA.

Il commande alors des produits pour une valeur de 135 000 FCFA tout en poursuivant ses actions de marketing. En même temps, il projette une nouvelle activité commerciale selon le même principe d'achat/revente de produits non-périssables à petit budget.

Curtis a débuté son activité entrepreneuriale et y consacre son temps et son énergie.

Curtis, qui se déplace désormais grâce aux taxis intercommunaux, n'a plus le stress des contraintes de réparations de son véhicule, ni des embouteillages énergivores car gourmands en carburants, et a plus de temps pour animer ses pages et communiquer sur ses produits, pendant la durée de ses trajets.

Aussi, il dispose d'une épargne de 3 300 000 FCFA (5 031 €) disponible sur son compte d'épargne et rémunéré au taux de 3,5% par an ; ce qui contribue à lui apporter confort et quiétude.
Ses nuits sont beaucoup plus paisibles. Toutefois, il n'est pas à l'abri d'un événement accidentel qui le plongerait dans une précarité financière vis-à-vis de son créancier.

Le redressement financier est un processus. Il requiert de la constance et de la rigueur.

En fin de compte, Curtis épargnera sur un compte bloqué, la somme de 2 000 000 FCFA (3 049 €) et investira au total la somme de 1 500 000 FCFA (2 287 €) dans 3 activités distinctes : **la vente de produits aphrodisiaques**, **la vente de diffuseurs de parfums d'ambiance et senteurs**, et **l'intermédiation dans la vente et la location de véhicules**.

Bon vent à Curtis ! Nous reviendrons sur la suite de son histoire.

CHAPITRE X – RACHETER ET REECHELONNER SES DETTES

Il y a un adage populaire en Côte d'Ivoire qui dit que : *« on prend pas crédit pour rembourser crédit*[18] *» ;* une manière de dire que ce serait déplacer le problème mais pas le résoudre.
Je ne suis pas du même avis, même si cette assertion semble logique. Je vais vous donner mes raisons, mais avant je vous explique ce que cette notion de rachat de crédit implique.

Qu'est-ce-que le rachat de crédits ?
Le rachat de crédits est une opération bancaire qui est mise en place sous forme de montage financier permettant d'alléger le remboursement des différents emprunts contractés.

Il consiste à regrouper soit la totalité, soit une partie des prêts en cours, pour obtenir un nouveau crédit avec une seule mensualité. C'est d'ailleurs pour cette raison qu'il porte la dénomination de regroupement de prêts.

Le principe d'un rachat de prêts est de réduire l'ensemble de la charge mensuelle de remboursement de crédits de l'emprunteur, grâce à une mensualité unique.

L'objectif est double : obtenir une mensualité moins élevée que le cumul des mensualités en cours et négocier un taux d'intérêt unique.

Ces deux éléments qui sont la base du fonctionnement d'un regroupement de crédits vont avoir une conséquence sur la durée du nouveau crédit mis en place.

---

[18] Pour dire qu'il est incongru d'utiliser une nouvelle dette pour éponger une ancienne dette

De manière générale elle sera modulée sur une période plus longue que le temps de remboursement restant.

Pour quelles raisons faire un rachat de crédits ?

Les raisons de procéder à un regroupement de crédits peuvent être différentes d'un emprunteur à un autre, selon sa situation d'endettement et ses besoins.

Cependant il s'agit avant tout de structurer une gestion budgétaire de manière plus simplifiée et rééquilibrée. Rien n'est plus confortable qu'un interlocuteur unique avec un seul prélèvement sur son compte bancaire, remplaçant tous les créanciers divers.
Le rachat de crédits permet d'optimiser la gestion de son budget pour retrouver une sérénité financière et la possibilité d'envisager de nouvelles opportunités.

D'autre part, il peut intégrer une somme d'argent sous forme de trésorerie supplémentaire.
Dans ce cas, celle-ci ne servira pas au solde des crédits en cours, mais pourra financer un nouveau projet, qu'il soit immobilier ou d'une autre nature.

Certaines situations de la vie entraînent une baisse de revenus. Il peut s'agir de difficultés passagères, d'un changement de situation familiale ou professionnelle ou encore d'un malendettement ou surendettement.

Le regroupement de crédits est alors une option intéressante puisqu'il va prendre en charge la restructuration complète des dettes restant à rembourser. Sans toucher à son épargne, l'avenir peut être envisagé de manière plus sereine. Lorsque le ménage a dépassé un taux d'endettement supérieur au taux cessible[19] de ses

[19] Voir annexe : Décret portant fixation des quotités cessibles en Côte d'Ivoire

revenus, le rachat de crédits est une solution permettant de réorganiser le montant des charges liées au remboursement de crédits.

L'opération de regroupement de crédits est une nouvelle offre de prêt nouvelle, qui se substitue aux emprunts et dettes qu'elle regroupe. En ce sens, elle requiert un nouveau plan de financement assorti d'un nouveau tableau d'amortissement.

La future mensualité devra être adaptée à la capacité de remboursement de l'emprunteur, et lui assurer un taux d'endettement raisonnable. La somme obtenue permettra de solder les crédits et dettes existants, permettant un lissage des taux et des mensualités.

La caractéristique essentielle du regroupement de crédits est qu'il englobe les dettes, que l'emprunteur souhaite inclure à l'opération, en un seul crédit. Celui-ci est le résultat d'une étude minutieuse de la situation de l'emprunteur. Ses besoins, tout comme ses capacités de remboursement sont soigneusement définis afin de mettre en place un emprunt sur mesure.

Un des éléments majeurs du rachat de crédits est qu'il permet de réduire le montant global de la mensualité des crédits souscrits. Cet allègement est possible d'une part grâce à l'allongement de la période de remboursement, ce qui permet de diminuer le montant de la mensualité, même si le coût total du crédit est augmenté.

D'autre part, le taux d'intérêt est plus attractif que les autres taux des emprunts et des dettes rachetées, qu'il s'agisse de crédits renouvelables ou de découverts bancaires.

Le remboursement d'une mensualité, moins élevée que la somme des mensualités avant l'opération de regroupement, permet de mieux gérer ses finances personnelles. Le quotidien du ménage est allégé car le poids de l'endettement est moins lourd.

Lorsqu'il est souscrit sans hypothèque, il peut intégrer les crédits à la consommation (prêts personnels, prêts scolaires, prêts de fin d'année etc.), les découverts bancaires, les dettes d'ordre privé et familiales (reconnaissance de dette)…

Le rachat de crédits hypothécaires est réservé uniquement aux propriétaires ayant souscrit à des crédits immobiliers garantis par des prises d'hypothèque.

L'opération est garantie par la mise en hypothèque d'un bien immobilier. Le montant total du rachat des différents crédits est en général plus important que lors d'un rachat de crédits à la consommation, c'est pourquoi l'organisme prêteur sécurise systématiquement le nouvel emprunt.

Lorsqu'une hypothèque est déjà en place sur un prêt immobilier qui va être inclus dans le rachat, elle ne sera que remplacée. Le transfert nécessite cependant l'intervention d'un notaire, auquel il faudra verser des honoraires et auprès de qui faudra-t-il s'acquitter des frais divers d'enregistrement, de mutation foncière et de publicité foncière selon les barèmes fixés par le Code Général des Impôts[20].

Comment fonctionne le rachat de crédits ?

Le regroupement de crédits est un montage financier qui permet de simplifier le remboursement des différents prêts contractés. Il est en quelque sorte une garantie pour une meilleure maîtrise de la gestion de son budget, car il suffira de gérer un seul crédit.

[20] Code Général des Impôts de la Côte d'Ivoire

Grâce au prolongement de la durée de remboursement, le montant de la mensualité est moins élevé que le total des mensualités prélevées avant le regroupement. Avant de déposer une demande, il est important de faire le point sur la situation financière et de définir quels sont les types de crédits à racheter.

Selon l'établissement de crédit choisi, les critères d'acceptation des dossiers peuvent différer.

Connaître son taux d'endettement en calculant le pourcentage des revenus consacré aux remboursements des mensualités est une information utile. Etablir la liste précise des crédits en cours et la somme totale consacrée aux mensualités permettra de faire le point. Toutes ces informations réunies vont permettre à votre Conseiller financier, de vous indiquer l'offre de financement la plus adaptée.

Les étapes du rachat de crédits

L'opération de rachat de crédits se déroule en cinq étapes principales :

2- La première consiste à faire la demande auprès d'un établissement de crédit.
3- Lorsque la demande a été réceptionnée, et une fois toutes les informations vérifiées, le conseiller va pouvoir lancer l'instruction du dossier. Le dossier devra être constitué de tous les justificatifs relatifs, notamment à la situation personnelle, patrimoniale et professionnelle de l'emprunteur. Il s'agit de la deuxième étape.
4- La troisième étape s'ouvre par une étude de faisabilité qui, selon les besoins et capacités financières de l'emprunteur, pourra déboucher sur une offre de regroupement de crédits. Pour ce faire, un analyste spécialisé va étudier le projet. Les points importants pris en compte sont la source de remboursement et le taux d'endettement de l'emprunteur...

5- L'avant-dernière étape d'un rachat de crédits est la réception du contrat de crédit. Celui-ci devra comporter toutes les informations nécessaires, c'est à dire, le montant total du nouveau prêt, le taux d'intérêt, la durée du crédit, le montant de la mensualité et enfin le coût total du crédit.
Cette étape peut s'agrémenter d'une étape supplémentaire en cas d'hypothèque car il faudra faire intervenir un notaire. L'emprunteur bénéficie d'un délai de rétractation de 15 jours après la signature du contrat de prêt pour un crédit à la consommation[21].

6- La cinquième étape est le déblocage des fonds. C'est l'établissement financier qui a pris en charge le crédit qui s'occupe de solder tous les crédits en cours auprès des différents créanciers. La première mensualité est prélevée le mois suivant. Lorsque le regroupement de crédits comprend une somme d'argent réservée à un nouveau projet, elle est virée sur le compte bancaire de l'emprunteur en même temps que le déblocage des fonds.

Tout emprunteur ayant contracté au minimum deux crédits (crédits à la consommation uniquement ou crédits à la consommation et prêt immobilier) peut prétendre à une opération de rachat de crédits.

Le regroupement de crédits est également ouvert aux séniors et aux retraités.
L'emprunteur doit justifier de revenus réguliers et stables. Les ménages lourdement endettés ou raisonnablement endettés mais souhaitant revoir à la baisse leur taux d'intérêt ou tout simplement alléger le poids de leurs différents crédits sont, bien entendu, les plus concernés par le rachat de crédits. Dans ce cas, il permet de restructurer les dettes et de les répartir de manière plus équilibrée.

[21] Loi n°2016-412 du 15 Juin 2016 relative à la consommation (Côte d'Ivoire) – Art 159

La durée d'un rachat de crédits

La durée de remboursement d'un regroupement de crédits varie en fonction de chaque profil d'emprunteur et de sa situation.
Une étude précise permettra de définir la durée maximale attribuée à la demande.
Pour le rachat de crédits à la consommation, la durée de remboursement peut varier de 12 à 87 mois (7 ans) en moyenne, mais certaines Banques accordent jusqu'à 120 mois[22].
Pour un regroupement de crédits hypothécaires qui concerne les prêts immobiliers, la période de remboursement est comprise entre 60 et 300 mois, c'est-à-dire 25 ans au maximum.

Plus la durée du crédit est longue, plus la mensualité de crédit sera réduite. Le choix de la durée dépendra de la nature des crédits à racheter, de la situation de l'emprunteur et de l'offre proposée par l'établissement financier en charge du rachat.

Le coût d'un rachat de crédits

En fonction du montant total à racheter et de la nature du nouveau crédit souscrit, différents types de frais sont à prévoir.
Les indemnités de remboursement anticipé sont désormais proscrites en Côte d'Ivoire dès lors qu'il est question d'un crédit au particulier[23].
La banque applique toutefois des frais de dossier. Ils varient en fonction de la typologie du dossier. Si l'emprunteur fait appel à un courtier, il faudra prévoir les honoraires comme tout crédit classique.

[22] Sous certaines conditions
[23] Loi n°2016-412 du 15 Juin 2016 relative à la consommation (Côte d'Ivoire) – Art 173

Le regroupement de crédits est une opération bancaire pour laquelle il est requis de souscrire à une assurance emprunteur (une assurance vie dont la couverture peut s'étendre à la perte d'emploi).
Le coût est en principe négociable mais va dépendre de l'âge et de la santé de l'emprunteur, du montant du prêt et de sa durée.
Sont à prévoir également les frais de notaire dans le cas d'un rachat de crédit hypothécaire, lorsque le bien immobilier est mis en garantie.
Le recours à une caution par un organisme de cautionnement entraîne quant à lui les frais de commission et de contribution à un fonds mutuel de garantie.

Les conditions d'obtention d'un rachat de crédits

De nombreux critères peuvent entrer en ligne de compte lors d'une demande de regroupement de crédits. Ils diffèrent selon les établissements financiers mais se basent principalement sur la solvabilité de l'emprunteur.
Seront pris en compte la situation professionnelle et familiale, mais aussi l'âge, tout comme l'objet du financement, la garantie proposée (bien immobilier) et le comportement bancaire.
Les critères de solvabilité de l'emprunteur ne dérogent pas des règles valables pour la souscription d'un crédit classique. L'emprunteur doit justifier d'une situation stable avec des revenus fixes, qu'ils proviennent d'une activité salariale ou libérale.
Certains revenus (revenus locatifs, dividendes, etc.) peuvent intégrer le calcul du taux d'endettement et du reste à vivre du ménage. Lorsque la demande porte sur un bien immobilier se situant dans une zone urbaine à fort potentiel c'est évidemment un atout pour un emprunteur.

L'historique personnel de crédit peut être examiné par le prêteur. Il faudra s'assurer que les remboursements sont à jour et que les dettes sont soldées de manière régulière.
Le regroupement de crédits est une opération sur mesure qui n'implique pas toujours le rachat de tous les crédits en cours.
Comme il est avant tout une restructuration financière personnelle, il importe de bien étudier le projet et d'agir avec bon sens. S'il s'agit d'un côté de faire baisser le taux d'endettement, il faut veiller à ne pas être enseveli sous une charge d'intérêts trop importante.
La grande majorité des emprunteurs ayant souscrit à plusieurs emprunts se tournent vers le regroupement de crédits pour regrouper leurs crédits à la consommation.
Les emprunts qui ont été obtenus à un taux intéressant ou ceux qui sont presque soldés ne sont pas à inclure dans le regroupement de crédits.

Les pièges à éviter du rachat de crédits

Affirmer que le regroupement de crédits permet de faire des économies est une fausse idée reçue. Certes la situation financière de l'emprunteur sera mieux optimisée une fois la mensualité transformée en un prélèvement unique réduit.
Cependant le rallongement de la durée du crédit va entraîner un crédit au coût total plus élevé.
Pour réaliser le regroupement de crédits dans les meilleures conditions, il faut s'adresser au bon interlocuteur, c'est à dire un expert fiable, sérieux et efficace.
Le secteur compte une multitude d'offres qui peuvent cacher des sociétés malveillantes ou non expérimentées. Lors de la comparaison des offres, il est très important de se baser sur le TAEG (Taux Annuel Effectif Global) pour connaître tous les frais (frais de dossier, assurance, taux d'intérêt) liés à l'opération.

Le coût total du crédit est augmenté avec le regroupement de crédits car la durée de remboursement plus longue entraîne des échéances plus étalées. La dette se rembourse donc plus lentement ce qui signifie que le capital restant dû au titre du crédit unique diminue par petite tranche.
La conséquence est une augmentation du paiement des intérêts. Ceci est particulièrement à éviter pour des crédits à court terme (moins de 2 ans) qui se transforment soudain, par le montage du regroupement de crédits, en crédits à moyen (plus de 2 ans) ou long terme (plus de 7 ans).

Les avantages du rachat de crédits

L'avantage majeur du regroupement de crédits est qu'il permet d'obtenir une meilleure répartition de son budget.
Le montage financier va moduler le montant de la mensualité afin que celle-ci soit parfaitement en harmonie avec la capacité de remboursement de l'emprunteur. Il propose ainsi une solution durable pour restructurer les dettes du foyer et les globaliser. En ce sens, il permet de rééchelonner la dette sans la faire disparaître mais simplement en l'adaptant le mieux possible au budget dont dispose l'emprunteur.
Cette baisse de la charge mensuelle liée au remboursement de crédits a une conséquence directe sur la durée du nouvel emprunt car un taux d'intérêt intéressant ne suffit pas.

En résumé, la devise du regroupement de crédits est **un seul crédit, une seule mensualité, un seul interlocuteur.** L'opération financière peut se faire sans que l'emprunteur n'ait besoin de changer de banque. Il pourra ainsi continuer à gérer son compte bancaire tout en y faisant prélever la nouvelle mensualité d'un crédit unique.
***

Maintenant que vous savez que vous devez parler de vos problèmes financiers afin de vous décharger, que vous devez réduire vos charges, que vous devez augmenter vos revenus par des investissements et que vous devez regrouper vos crédits, normalement, **vous savez tout ce qu'il faut savoir pour sortir du malendettement et du surendettement**.

Toutefois, m'arrêter là me laisserait un goût d'inachevé.
En effet, maintenant que vous avez repris de l'air et de l'assurance, vous devez à présent appuyer sur la pédale d'accélération afin de vous éloigner encore et encore de ce précipice tout proche qui hantait vos nuits ou de ce gouffre béant duquel vous avez réussi à vous échapper.

Ayez un objectif positif. Sortir de la dette dans l'ensemble est un objectif négatif. Cela implique que vous ne voulez pas quelque chose : la Dette. Mais créer de la richesse est un objectif positif. C'est beaucoup plus motivant. Ainsi, pendant que vous déroulez votre plan de redressement, fixez en même temps les moyens de générer plus de flux de trésorerie que vous pourrez consacrer à vos objectifs positifs de création de richesse. Soyez ambitieux !

CHAPITRE XI – LE SECRET

Il est grand temps de vous partager **LE SECRET** que les « riches » se refusent de vous dévoiler lors des grands panels à chaque fois que vous leur demandez le secret de leur réussite. Ce sera mon **BONUS** pour toi, pour avoir parcouru l'ouvrage jusqu'à ce chapitre. Cela prouve que tu es déterminé à bouter loin de toi l'anxiété financière, la détresse financière. Et tu fais bien !

Pour avoir exercé pendant plus de 10 années dans le milieu bancaire principalement, en tant que Juriste généraliste, puis Agent de Recouvrement, puis Responsable de Recouvrement, puis Directeur de Recouvrement dans 04 grandes Banques de la place bancaire ivoirienne, j'ai eu l'occasion de rencontrer, côtoyer, relancer, et même poursuivre en justice des plus grosses fortunes de ce Pays[24], des nationaux comme des non-nationaux, des africains comme des non-africains, des femmes comme des hommes, des bons comme des mauvais débiteurs, des victimes du crédit comme des bourreaux des banques, des jeunes comme des séniors, des stars comme des personnes lambda... Bref, j'ai eu cette chance d'avoir eu une décennie riche, très riche en expériences.

Allons-y donc vers une prise de contrôle vraie et aboutie sur vos dettes.

Oups ! J'oubliais. A ce stade du programme de redressement, vous pouvez reprendre – dans la discipline toutefois - vos sorties au restaurant, à la plage, vos afterworks, vous offrir une voiture (mais à condition d'achever de lire le BONUS de mon livre afin de connaître **le seul** moyen par lequel vous devez vous offrir ce véhicule). Vous pouvez reprendre une vie normale loin du stress financier ; Bravo !

---

[24] La Côte d'Ivoire

BONUS

Le surendettement n'est pas une situation facile. Comme il s'établit lentement, ce n'est pas toujours évident d'en reconnaître les signes. Mais savoir reconnaître les émotions qu'il provoque est déjà une importante étape vers la résolution du problème.

L'état de nos finances personnelles nous affecte plus qu'on le croit.

Déni, honte, peur, colère, indifférence, impuissance, culpabilité… Les émotions que peut susciter le surendettement sont nombreuses, et on ne vit pas tous de la même manière le stress causé par une situation précaire. Quoi qu'il en soit, la première étape vers le rétablissement de notre santé financière consiste à reconnaître l'émotion qu'elle suscite.
Comment se vivent ces émotions ? Rien de mieux que des témoignages de gens qui ont vécu des difficultés financières pour vous aider à y voir plus clair.

« C'est juste temporaire. À ma prochaine paye, ça va aller mieux. »
Voici le DÉNI. Ce stade émotionnel est caractérisé par la conviction que la crise financière n'existe pas, malgré certains signes évocateurs et certaines mises en garde de notre entourage.

« C'est pas mon genre de faire faillite. »
Le désagréable sentiment de HONTE que l'on retrouve souvent est causé par le fait de réaliser que l'on ne gère peut-être pas parfaitement ses finances personnelles. Dans ce cas-ci, la personne développe le réflexe de se défendre de ses faiblesses ou de son incapacité. Il n'y a pas de honte à faire faillite.

« Je ne veux pas perdre tout ce que j'ai. »

Les épreuves financières vécues peuvent provoquer une grande PEUR. Cette émotion pénible naît de la prise de conscience de la gravité de ses difficultés financières. Très souvent, cette peur engendre même de l'insomnie financière qui affecte profondément le comportement de la personne qui la vit.

« Ce n'était pas censé m'arriver à moi. »

Éventuellement, la peur peut entraîner la COLÈRE… On reconnaît cette émotion à l'amertume ou à la rage intense que l'on peut manifester à l'endroit des personnes qui nous refusent de l'aide.

« Qu'est-ce que tu veux que ça me fasse… »

Le sentiment d'INDIFFÉRENCE apparaît parfois chez certaines personnes. Cela se constate à l'absence totale de soucis face à la précarité de leur situation, comme si elles ne voyaient plus le piège qui les guette.

« J'ai beau avoir tout essayé pour m'en sortir, ça ne donne rien. »

Le sentiment d'avoir tout essayé traduit l'IMPUISSANCE devant la situation. Très proche du découragement, ce sentiment correspond à notre incapacité à pouvoir normaliser notre situation financière.

« Je ne veux pas que les autres soient affectés. »

Certaines personnes ressentent une grande CULPABILITÉ face à leurs difficultés financières, sentiment déplaisant qui peut les amener à se rendre responsables des torts qu'ils ont pu causer aux autres. Ce qui peut les éloigner de leurs proches.

En résumé, le chemin vers le surendettement amène une personne à vivre une gamme variée d'émotions. Comme le processus peut prendre plusieurs mois, il est important d'identifier rapidement ces émotions pour reconnaître le problème et pouvoir en arriver le plus tôt possible à l'équilibre.

Si votre situation financière se dégrade et si vous vous reconnaissez dans l'un ou l'autre des stades émotionnels, vous avez le pouvoir de changer les choses. Les conseillers en redressement financier sont là pour vous aider à trouver une solution à vos problèmes d'endettement, mais aussi pour vous permettre de rapidement retrouver votre tranquillité d'esprit.

Cette deuxième partie vous démontrera qu'être endetté peut s'avérer être une excellente chose et que d'ailleurs, la plupart des riches de ce monde sont des personnes lourdement endettées, mais bien endettées tout de même.
Tout commence par se sortir de la tête que la dette est une mauvaise chose. Il ne faut pas avoir peur des dettes !

1- Ne pas avoir peur de la dette

La dette peut être utilisée pour créer de la richesse de diverses manières.
Beaucoup de personnes enseignent aux autres que les dettes sont mauvaises. Elles affirment qu'il est plus intelligent de rembourser ses dettes et de ne pas s'endetter. Et dans une certaine mesure, elles ont raison.

Il y a de bonnes et de mauvaises dettes. Il est judicieux de rembourser ses mauvaises dettes, ou de ne pas en contracter en premier lieu. Pour faire simple, les mauvaises dettes vous prennent de l'argent, tandis que les bonnes dettes vous en procurent.

Les personnes qui dénoncent les dangers de la dette ne comprennent pas que celle-ci est essentielle pour l'économie. Que cela soit bon ou mauvais reste discutable

– mais ce qui ne l'est pas, c'est que sans dette, toute notre économie serait en berne.

Mais, la manière dont les riches utilisent la dette est très différente de celle des personnes pauvres et de la classe moyenne.

Les personnes pauvres et la classe moyenne se servent généralement de la dette pour acheter des biens passifs, comme une voiture, ou pour réserver des vacances ou que sais-je encore.

Voici quelques exemples d'utilisations de la dette par les personnes pauvres :

- **Mauvaise dette n°1 : Cartes de crédit ou cartes bancaires liées à des comptes courants accordant systématiquement une autorisation de découvert**

Les taux d'intérêt moyens des découverts bancaires se situent dans la fourchette basse des 12% hors taxe l'an. Les cartes de crédit ou les cartes bancaires liées à des comptes courants accordant systématiquement une autorisation de découvert ont souvent des frais qui peuvent vous coûter des centaines de milliers de francs FCFA pour des choses comme les commissions de découvert, les frais de retard, les frais annuels de gestion et les taux de change…

Les cartes de crédit et cartes bancaires liées à des comptes courants accordant systématiquement une autorisation de découvert ne sont ni bonnes ni mauvaises en soi. C'est la façon dont vous les utilisez qui fait la différence. Malheureusement, les personnes pauvres utilisent souvent ces cartes de la pire façon qui soit, en achetant des biens comme des téléviseurs, pour réserver des vacances, pour ne payer que le minimum chaque mois. Ce faisant, ils paient des intérêts importants sur de longues périodes pour des biens qui perdent de la valeur. C'est un double coup dur.

- **Mauvaise dette n°2 : Crédit à la consommation et d'équipement**

Il existe de nombreux prêts que l'on peut obtenir pour ses besoins en consommation et en équipement.
Des prêts automobiles aux prêts personnels, en passant par les avances sur salaire, il est toujours possible de trouver un moyen de s'endetter davantage et souvent à un coût élevé.
Les personnes dites « pauvres » contractent également des prêts pour des choses qu'ils considèrent comme des investissements, tels que leur propre maison. Mais une maison à habiter n'est pas toujours un actif.

Pourquoi ? C'est très simple ! Par définition, **un actif met de l'argent dans votre poche. Un passif vous en retire.** Votre résidence principale génère des dépenses régulières d'entretien et donc, ne fait que vous « appauvrir ». Cela ne veut pas dire que vous ne devriez pas contracter un prêt immobilier, **mais ne le faites pas en pensant que vous achetez un actif…** Elle a de la valeur peut-être, mais elle ne vous donne pas d'argent.
Et, si vous n'êtes pas en mesure de rembourser, revoyez vos critères.
Cette méthode, consistant à utiliser de mauvaises créances pour obtenir des choses qui perdent généralement de la valeur avec le temps, maintient la plupart des gens dans l'esclavage financier de l'endettement pendant la majeure partie de leur vie. Et lorsqu'ils décident finalement de se débarrasser de leurs mauvaises dettes, ils passent souvent des années à travailler de plus en plus dur pour les rembourser. Cela représente beaucoup de temps et d'opportunités perdus.

Comment utiliser les bonnes dettes à l'instar des riches

Les riches se servent des bonnes dettes pour accroître leur valeur, et ils investissent dans des actifs à flux de trésorerie en utilisant **l'argent des autres**, à la fois celui de la banque et celui des investisseurs.

L'*argent des autres* est un concept fondamental pour moi et un signe de haute intelligence financière. En utilisant à la fois les bonnes dettes et l'argent des autres, vous pouvez augmenter considérablement votre retour sur investissement, et vous pouvez même obtenir des rendements considérables.

L'inconvénient de l'endettement est que vous ne pouvez généralement emprunter qu'un certain pourcentage du prix d'achat d'un actif. Pour garder l'exemple de l'immobilier, cela représente généralement entre 70 et 80% du prix d'achat.

De ce fait, vous avez deux choix lorsque vous trouvez un investissement valable : utiliser votre propre argent ou utiliser l'argent des autres. À condition de bien structurer la transaction, plus vous pouvez utiliser l'argent des autres, plus votre rendement sera élevé.

Beaucoup de gens pensent qu'un monde dans lequel on vous donnerait de l'argent à investir n'existe pas, mais il n'y a rien de plus faux. La réalité est telle que la plupart des personnes n'ont pas le temps de trouver de bonnes affaires. Au lieu de cela, ils comptent sur des personnes ayant une bonne éducation financière, des compétences et la volonté de leur proposer des offres.

Un certain Ken McElroy, conseiller immobilier, s'est perfectionné dans l'application du concept de l'OPM (argent des autres). Sa société, MC Companies, achète des immeubles résidentiels. Son métier consiste à trouver des affaires, à faire les vérifications préalables, à négocier avec les propriétaires et les prêteurs et à s'occuper de la gestion. En retour, les gens font la queue dans l'espoir d'investir leur argent dans ses affaires.

Aujourd'hui, Ken conclut des contrats importants qui nécessitent un certain type d'investisseur.

Ce n'est pas à la portée de tous. Mais il a commencé par de petites opérations avant d'évoluer vers de plus grosses opérations.

N'ayez donc pas peur du crédit lorsque vous flairez la bonne affaire. Financez vos investissements grâce à la dette ! **Vous voulez savoir comment ?** Commencez déjà par professionnaliser vos activités.

2- Professionnalisez votre activité : Créez votre société commerciale et ouvrez un compte bancaire

Avant tout propos, il faudrait relever que les banques **discriminent** selon le risque potentiel des candidats à l'emprunt.

La Banque sera disposée à financer de façon plus marquée une entreprise qui porte un projet de création de richesses plutôt qu'un particulier qui manifeste un besoin de consommation.
C'est la raison principale pour laquelle les crédits à la consommation sont limités à des seuils quand bien même le particulier demandeur du crédit justifierait d'une rémunération largement suffisante pour rembourser le crédit sollicité.

Aussi, eu égard au risque de décès de l'emprunteur, le crédit aux particuliers s'avère bien plus risqué qu'un crédit aux entreprises dont la durée de vie peut être statutairement définie et même, peut être rallongée par la seule volonté des associés.

Si vous suivez mon raisonnement, je suis en train de vous faire comprendre que si vous souhaitez pouvoir lever beaucoup de fonds auprès des organismes de crédits, il va falloir créer au plus tôt une entreprise personne morale en bonne et due forme selon le Droit OHADA ; et je vous recommande de créer une société de capitaux plutôt qu'une société de personnes.

Mes préférées sont la Société A Responsabilité Limitée (SARL) quand l'on débute avec peu de moyens et la Société Anonyme (SA) quand l'on dispose de plus de ressources financières.

Créez une SARL pour sécuriser le projet de création d'entreprise et domiciliez vos revenus dans un compte ouvert dans les livres d'un Banque ou de tout autre Etablissement de Crédit

Créer une SARL, c'est adopter une forme juridique qui vous permet de **limiter votre responsabilité** au montant de vos apports.

Si la société se retrouve en difficulté, votre risque se limite à la perte de vos apports (à condition de ne pas avoir commis de fautes ou de délits). En principe, les créanciers professionnels ne pourront pas vous poursuivre personnellement pour le paiement des dettes sociales.
Les entrepreneurs qui décident de créer une SARL ont la possibilité de nommer **plusieurs** gérants, ce qui peut se révéler très utiles pour certains projets de création d'entreprise.

Par exemple, lorsque deux personnes s'associent en SARL pour exercer ensemble leur activité, elles peuvent avoir besoin d'occuper toutes les deux les fonctions de gérant.

Les règles de fonctionnement d'une SARL sont largement encadrées par les dispositions de l'OHADA. Les associés n'ont donc pas la possibilité d'en organiser le fonctionnement comme bon leur semble, comme cela peut être le cas dans une Société par Actions Simplifiée (SAS).

L'essentiel des règles de fonctionnement est fixé directement par les textes de loi et les statuts de la SARL peuvent rarement y déroger (ou dans certaines limites seulement).

Aussi, la loi n'impose **aucun minimum au niveau du capital social des SARL**, il est simplement obligatoire d'avoir un capital social. Aucun seuil maximum n'est également prévu.

En créant donc votre SARL, et vous nommant vous-même Gérant, vous vous serez donné les moyens de lever plus de fonds auprès des organismes bancaires ; car à présent, il n'est plus question de parler de quotité cessible, de reste à vivre ou encore de salaire.

Là, il est question de projet, de plan d'affaires, d'investissement, de rentabilité… : tous les verrous du crédit aux particuliers sont donc levés.

Premièrement, les micro-revenus générés par vos micro-investissements doivent désormais vous être plus utiles.

En effet, vous venez de créer une entreprise personne morale et avez opté pour une société de capitaux telle la SARL, vos revenus qui proviennent de vos activités entrepreneuriales doivent être régulièrement domiciliés sur un compte bancaire ouvert au nom de votre SARL.

En d'autres termes, il vous faut créer un historique bancaire de votre nouveau bébé ; historique sans lequel, il sera très périlleux d'obtenir un concours financier bancaire.

S'il est vrai que j'utilise le vocable « bancaire », entendez par là tout concours de toute institution financière réglementée (Banque, Microfinance, Méso-finance et autres Systèmes Financiers Décentralisés).

En lieu et place de garder dans une caisse les recettes commerciales de vos activités afin de pouvoir le plus rapidement possible en cas de besoin (j'avoue que c'est bien plus pratique), je vous exhorte à domicilier sur votre compte bancaire du mieux que vous le pourrez, vos flux entrants. **C'est la première clé !**

A présent que nous n'avez plus peur de la dette, que vous n'ignorez plus qu'elle peut s'avérer être un canal d'accélération vers la richesse, que vous avez créé votre société commerciale de capitaux, et que vous domiciliez régulièrement vos flux entrants sur votre compte bancaire, sachez que vous êtes qu'à une seule étape pour être de ceux qui peuvent être des gagnants de la Dette.

Ouvrez grand les yeux car ce qui va suivre est peut-être le plus important contenu de tout l'ouvrage.

3- Endettez les Autres !

Je le sais. A première vue, vous ne comprenez guère ce que je veux vous révéler. Mais lisez-la de la façon la plus simple possible.
Pour profiter de la dette, il faut endetter les autres. En d'autres termes, cela revient à dire que vous devez réussir à ne pas être le payeur final de la dette que vous aurez contractée auprès d'un Etablissement de Crédit : C'est cela la règle !

Et croyez-moi, ce n'est pas si difficile d'endetter les autres. C'est d'ailleurs l'une des choses les plus simples. Tout le monde préfère bénéficier d'avantage divers sans pour autant être contraint de sortir de l'argent de sa poche. Tout le monde préfèrerait différer un paiement en contrepartie d'un avantage, un service, un produit déjà obtenu.

Et quand je dis « Tout le monde », j'inclus en toute première ligne les sociétés commerciales de petite, de moyenne et de grande taille. Elles toutes, ont intérêt à avoir de la trésorerie disponible, le plus longtemps possible afin de pouvoir faire face à d'éventuelles urgences commerciales.

Comment endetter les autres ?

Chaque fois qu'une personne effectue une prestation pour le compte d'une autre personne en contrepartie d'un règlement différé, sachez que la personne qui effectue la prestation a endetté celle qui la reçoit.

Chaque fois qu'une personne livre des biens à une autre personne en contrepartie d'un règlement différé, sachez que la personne qui procède à la livraison de biens a endetté celle qui reçoit le bien.

Pour endetter donc quelqu'un, il faudrait au préalable offrir à cette personne un service, un avantage quelconque ou un bien en lui accordant la faculté de régler la prestation offerte ultérieurement.

En vous obligeant donc à aider les autres sans recevoir au même moment la contrepartie financière correspondante, vous créez de la Dette.

Vous devenez dès lors un créancier d'une obligation de paiement de la personne ayant bénéficié de vos diligences.

Il est nécessaire de créer cette créance afin de pouvoir profiter de la Dette et d'en être un gagnant !

Analysez à présent vos activités que vous avez créées et identifiez celles qui peuvent être offertes sans que vous n'ayez à subir une difficulté financière ou une tension de trésorerie.

Curtis avait investi au total la somme de 1 500 000 FCFA (2 287 €) dans 3 activités distinctes que sont la vente de produits aphrodisiaques, la vente de diffuseurs de parfums d'ambiance et senteurs, et l'intermédiation dans la vente et la location de véhicules.
Pour endetter les autres, Curtis a par exemple, l'opportunité de proposer à ses prospects de leur livrer ses produits aphrodisiaques, ses diffuseurs de parfums ou de leur mettre à disposition ses véhicules à crédit.

Mais je sais que vous vous interrogerez (à juste titre d'ailleurs) sur la faisabilité ou la fiabilité d'une telle opération qui, présentée comme telle s'avère clairement risquée.
En effet, rien ne garantit que le bien offert à crédit ou le service accordé à crédit sera réglé à bonne date.
Il serait nettement judicieux de circonscrire son offre à des prospects **d'apparence** fiables.
L'apparence compte pour beaucoup dans l'octroi d'un crédit, qu'il soit accordé par une Banque ou par vous et moi.
L'idéal serait que votre prospect, en sus d'être d'apparence fiable, soit effectivement fiable.
Pourquoi j'insiste sur l'apparence ? Tout simplement parce qu'une personne peut être réellement solvable, donc fiable, sans pour autant en avoir l'apparence.
On a coutume de le dire : « *l'habit fait le moine* » ou encore « *si l'habit ne fait pas le moine, l'on reconnait le moine par son habit* ».
L'apparence de la fiabilité et donc de la solvabilité est donc nécessaire lorsque l'on veut offrir une prestation à crédit.
Toutefois, l'idéal serait qu'il y ait et apparence et solvabilité pour que la dette créée soit convenablement dénouée.

Qui endetter ?

D'entrée de jeu, il faudrait relever que l'apparence de la fiabilité et la fiabilité elle-même, ne suffisent pas à identifier la personne à endetter.

Vous devrez choisir des personnes morales de droit privé, de droit public, organisations à but lucratif ou non-lucratif.

Vous devriez vous orienter vers des corporations plutôt que vers des particuliers. Et je vous en donne les raisons.

Transporter la Dette

Par le fait d'endetter une personne morale de droit privé ou de droit public, commerciale ou non-commerciale ou une organisation quelconque nationale ou internationale à but lucratif ou non-lucratif, **déjà bancarisée,** tu t'offres aussitôt la possibilité de solliciter un crédit auprès d'une Banque dans le but de « mobiliser » ta créance.

Les Juristes évoquent le terme de « Transport » de la créance.

Concrètement, il te suffit d'aller voir ta Banque et lui présenter ta créance [grâce à ta facture ou une lettre de change ou un billet à ordre ou tout autre papier commercial matérialisant formellement l'existence d'une créance], que tu détiens sur la personne morale que tu as préalablement endettée en lui faisant noter que tu souhaiterais bénéficier d'une avance sur ta facture en contrepartie du règlement de cette facture dans les livres de Banque.

Les termes couramment utilisés sont « **l'avance sur facture** » ou « **l'escompte d'effets de commerce** », lesquels se regroupent dans la catégorie des « **mobilisations de créances** ».

Ce sont des crédits très appréciés des Banques car ils sont généralement de courtes durées (moins de 6 mois) et donc permettent aux Banques d'avoir plus de rotations de leurs dépôts.

N'oubliez pas que les **Banques ont besoin de prêter** de l'argent qui ne leur appartient pas, mais qui appartient plutôt à ses clients déposants, en vue de générer du profit car elles tirent leurs revenus, entre autres, des intérêts perçus sur les crédits accordés à leur clientèle.
Si une Banque réussit donc à octroyer un grand nombre de crédits à sa clientèle, et que ses crédits se dénouent bien, elle est certaine de réaliser d'énormes profits.

A présent, votre banquier vérifiera les pièces juridiques et comptables que vous lui aurez présentées (contrat de prestation, bon de livraison, factures etc.), procèdera à son tour l'identification de l'entité que vous avez endettée, puis la contactera pour confirmer l'existence de la créance, lui réclamera enfin un engagement de sa part de te payer uniquement sur le compte bancaire ouvert dans ses livres.

Et lorsque toute cette paperasse serait constituée, votre Banquier vous avancera une part du montant de votre facture ou de votre effet de commerce, généralement autour de 80% afin que vous puissiez de nouveau avoir de la liquidité pour subvenir aux besoins d'exploitation de votre entreprise.
Par exemple, si vous avez réussi à exécuter pour le compte d'une entreprise d'assurance ayant un vaste réseau d'agences, des travaux d'entretiens de climatiseurs split en lui accordant un règlement différé, et avez produit une facture de 10 000 000 FCFA, votre Banque versera la somme de 8 000 000 FCFA sur votre compte bancaire, prendra aussitôt ses intérêts (oui les banquiers sont très frileux) et attendra patiemment que votre débiteur règle sa dette en ses livres.
Selon donc le délai-fournisseur que vous aurez accordé à votre client, celui-ci s'obligera à régler à bonne date ce qu'il vous doit sur votre compte bancaire indiqué par votre Banque au moment de la mise en place de l'avance sur facture.

Voici présenté succinctement le schéma par lequel l'on devient un <u>Gagnant du crédit</u>.
Dans ce scénario, c'est en définitive « Votre client qui règle votre Dette ! ».
Et en multipliant ce type d'opérations d'endettement, de transport des dettes jusqu'au règlement à bonne date par le premier endetté, vous gagnez au fur et à mesure la confiance de la Banque, qui finit par vous accorder plus facilement des concours de plus grande importance pour financer votre exploitation.

Voilà qui est dit ! Si vous devez retenir une seule phrase de ce chapitre Bonus, c'est celle-ci : **Vous devez réussir à endetter les autres et réussir à ce que ce soit ces autres qui paient à votre place, votre Dette !**

Des exemples concrets pour démontrer que c'est pas très compliqué d'endetter les autres :

Vous avez une compétence particulière en digital, en marketing, en premiers secours, en droit, en finance, en gestion de projet, en électricité, en plomberie, en investissement immobilier etc., identifiez une corporation à qui vous allez proposer votre service de formation sur une thématique précise en leur permettant de régler votre note sous 90 jours.
Si un besoin existe au sein de cette corporation, là où celle-ci hésiterait à accepter votre offre de service par souci de liquidité, elle serait par contre, plus prompte à en savoir plus sur votre offre lorsqu'elle saurait qu'elle n'aura pas à immédiatement sortir de la liquidité de sa caisse. Et ce sera à vous de jouer en démontrant votre savoir-faire et l'intérêt pour cette corporation de profiter de ce savoir-faire.

Soyez-en sûrs, grâce à votre offre de règlement différé, vous écarterez le maximum de concurrents et il vous sera donc plus facile de fixer un meilleur prix (plus haut).

Il existe une autre forme de mobilisation de créances, cette fois **future** communément appelée « Avance sur Marché » ou « Avance sur Bon de Commande ».

Mais si je ne vous en ai pas fait cas, c'est que ce type de crédit est réservé à ceux qui ont un savoir-faire connu ou reconnu, mitigeant donc le risque de performance. Pour l'heure, vous faites vos premiers pas en tant que Gagnant du Crédit. Commençons dès lors par le commencement !

Et terminons ensemble ce 1er ouvrage d'une série de plusieurs ouvrages sur la Dette, la Finance, le Crédit et l'Investissement avec la suite et fin de l'histoire de Curtis.

CHAPITRE XII – LA SUCCESS STORY DE CURTIS

Comme je l'ai rappelé *supra,* Curtis a investi au total la somme de 1 500 000 FCFA (2 287 €) dans 3 activités distinctes que sont la vente de produits aphrodisiaques, la vente de diffuseurs de parfums d'ambiance et senteurs, et l'intermédiation dans la vente et la location de véhicules.

Pour endetter les autres, Curtis avait **l'opportunité de proposer à ses prospects de leur livrer ses produits aphrodisiaques, ses diffuseurs de parfums ou de leur mettre à disposition ses véhicules à crédit.**

Pour ses produits aphrodisiaques donc, Curtis s'est orienté vers les pharmacies, hôtels, restaurants et bars déjà bancarisés, pour dans un premier temps placer ses produits en contrepartie d'une commission versée sur ses ventes, puis dans un second temps, la vente à crédit de ses produits dès lors que ceux-ci ont constaté l'intérêt grandissant de leurs clientèles pour les produits de Curtis.

Quant à ses diffuseurs de parfums, Curtis s'est tourné vers les sociétés de nettoyage de bureau qui réalisent déjà des marchés conclus avec de grandes organisations, en leurs proposant de les vendre à crédit.

Et pour les locations de véhicules, il s'est dirigé vers des sociétés de sécurité privée et des sociétés de maintenance qui réalisent déjà des marchés conclus avec de grandes organisations à qui il a proposé un forfait mensuel après bien entendu des discussions avec les propriétaires afin de se générer une marge et d'encadrer juridiquement ses contrats d'intermédiation et de prestations de services.

A ce stade, nul besoin de vous le dire ! Curtis est logiquement devenu en à peine, quelques mois, de moins en moins dépendant de son salaire au point de ne plus,

après 02 années, un homme prospère ne vivant plus de son salaire, mais plutôt des revenus de ses activités personnelles.
Il domiciliait tous ses revenus commerciaux sur le compte bancaire ouvert au nom de sa société. Ce qui lui offrait plus de crédibilité auprès de sa Banque vu la hauteur des flux entrants et sortants qui circulaient sur son compte.

En vue d'accélérer son ascension et devenir un Gagnant du Crédit, Curtis a commencé par solliciter des avances sur ses factures auprès de sa banque, qui naturellement les lui a accordées avec pour seules garanties un nantissement de son compte de dépôt, un cautionnement personnel et un engagement de domiciliation irrévocable des règlements de ses prestations par ses clients.

S'obligeant à faire respecter ses délais de remboursement par ses clients, donc honorant à bonne date, chacune de ses échéances, Curtis est parvenu à être de cette catégorie de clients que les Banquiers harcèlent pour leur proposer du crédit.
Curtis a compris comment fonctionne le monde du Crédit et il utilise ses connaissances pour accélérer son enrichissement.

Sans crédit, Curtis devrait parvenir tout de même à s'enrichir, mais pas au même rythme car le Crédit lui permettra de rapidement lever des fonds puis de les rembourser, toujours selon le même principe.
Cette technique d'endettement est désignée par le terme d'« **Effet de Levier** » lorsque l'endettement finance un investissement (au lieu d'une exploitation).

Toutefois, l'effet de levier reste un terme général pour désigner n'importe quelle technique destinée à multiplier les profits **mais aussi les pertes**. Les techniques courantes de levier sont l'endettement, l'achat d'actifs à long terme et les produits dérivés.

En ce qui concerne l'endettement, l'on désigne par effet de levier, le recours à l'endettement pour accroitre la capacité d'investissement. Le mécanisme permet d'acquérir une immobilisation d'une valeur supérieure à ce que l'acteur économique possède en actif monétaire.
Si la notion de levier peut apparaître abstraite, le mécanisme est connu de tous. Ce dernier est par exemple utilisé dans le cadre d'un investissement locatif : si un particulier investit grâce à l'emprunt un bien destiné à la location, il s'attend à ce que les loyers perçus soient supérieurs aux charges de l'emprunt et que la valeur de l'actif permette de dégager une plus-value.

L'effet de levier permet d'augmenter le niveau des investissements et des bénéfices à partir d'un capital de départ.
Toutefois, le mécanisme fonctionne dans les deux sens.
Dans l'hypothèse où la rentabilité économique dépasse le coût de l'endettement, il s'agit d'un levier positif, la rentabilité financière est impactée favorablement. Dans le cas contraire, l'effet levier entraîne une **démultiplication des pertes**. Il s'agit d'un « effet boomerang » ou « effet massue » qui sera d'autant plus fort que le levier est élevé.

L'effet de levier est encore le montant de la dette qu'une entreprise détient dans sa combinaison de dette et de capital-actions (structure financière). Une entreprise dont le niveau de dette dépasse la moyenne de son industrie bénéficie d'un effet de levier élevé.

Lorsque les revenus augmentent, on effectue les paiements avec des excédents appréciables et l'on acquiert de la dette supplémentaire pour profiter des occasions du marché.

Toutefois, lorsque les revenus sont faibles, une entreprise à fort effet de levier pourrait accuser des retards de paiement à l'égard de sa dette et ne pas pouvoir emprunter de fonds supplémentaires pour assurer sa survie.

On utilise deux ratios[25] pour mesurer l'effet de levier d'une entreprise: (i) **le ratio emprunts/capitaux propres** et **le ratio d'endettement**. La comparaison de ces ratios avec ceux d'autres entreprises d'un même secteur montre leur utilité.

(i) Le ratio emprunts/capitaux propres indique quelle portion d'une entreprise détiennent les créanciers (ceux à qui elle a emprunté de l'argent) par rapport aux capitaux propres qu'elle possède. C'est l'un des trois calculs qui mesurent la capacité d'endettement d'une entreprise avec le ratio du service de la dette et le ratio d'endettement.

La capacité d'endettement montre à la fois la capacité d'une entreprise à effectuer les paiements de sa dette actuelle et sa capacité à générer des fonds en contractant une nouvelle dette, au besoin. Cela peut être fait pour soutenir l'entreprise lors d'un ralentissement du marché ou lui permettre de profiter des occasions qui se présentent.

On utilise surtout le ratio emprunts/capitaux propres pour évaluer la capacité d'une entreprise à générer des fonds au moyen d'une nouvelle dette. Pour faire cette évaluation, on compare le ratio à celui d'autres entreprises du même secteur.

[25] Un ratio est un chiffre ou un pourcentage utilisé en analyse financière. Il résulte d'une division opérée entre deux éléments issus du compte de résultat, du bilan ou de l'information boursière. Cet indicateur peut être exploité afin d'apprécier la situation d'une entreprise, son évolution, ou encore pour réaliser des comparaisons entre plusieurs sociétés d'un même secteur. D'une manière générale, le ratio fournit des informations sur la rentabilité d'une entreprise, la structure de ses coûts, ses liquidités, sa solvabilité, son équilibre financier ou encore sa productivité. À titre d'exemple, le ratio liquidité général s'obtient en divisant le passif circulant par l'actif circulant. Il permet de définir la capacité d'une entreprise à rembourser ses dettes à court terme. Lorsqu'il est supérieur à 1, c'est que l'entreprise est solvable.

Plus le ratio emprunts/capitaux propres d'une entreprise est élevé, plus l'entreprise est considérée comme à levier financier. Lorsque les revenus diminuent, les entreprises à fort levier financier sont plus susceptibles de manquer les paiements de leur dette. Elles sont également moins aptes à contracter une nouvelle dette.

Le ratio du service de la dette est une mesure clé de la capacité d'une entreprise à rembourser ses prêts, à obtenir du nouveau financement et à effectuer des paiements de dividendes.
Il s'agit de l'une des trois mesures utilisées pour mesurer la capacité d'endettement, avec le ratio emprunts/capitaux propres et le ratio d'endettement.
«Le ratio du service de la dette est un indicateur de base de la santé financière de votre entreprise. Chaque propriétaire d'entreprise devrait le connaître», qui conseille les entreprises en matière de gestion financière et de planification stratégique.
«Il est utile pour évaluer votre capacité à financer la croissance future de votre entreprise. De plus, les banques ainsi que les investisseurs l'utilisent largement pour comprendre la solvabilité et les perspectives d'une entreprise.»

(ii) Le ratio d'endettement indique quelle portion d'une entreprise détiennent les créanciers (ceux à qui elle a emprunté de l'argent) par rapport à la quantité des actifs de l'entreprise détenus par les actionnaires. C'est l'un des trois calculs qui mesurent la capacité d'endettement avec le ratio de service de la dette et le ratio emprunts/capitaux propres.
La capacité d'endettement reflète à la fois la capacité d'une entreprise à rembourser sa dette actuelle et celle à générer des fonds en contractant une nouvelle dette, au besoin. Une nouvelle dette peut aider l'entreprise lors d'un ralentissement du marché ou lui permettre de profiter des occasions qui se présentent.

On utilise surtout le ratio d'endettement pour mesurer la capacité d'une entreprise à générer des fonds au moyen d'une nouvelle dette. On peut évaluer cette capacité en comparant le ratio de l'entreprise à celui d'autres entreprises du même secteur. Plus le ratio d'endettement d'une entreprise est élevé, plus il constitue un effet de levier. Lorsque les revenus diminuent, les entreprises très endettées sont plus susceptibles de manquer les paiements de leur dette. Elles sont également moins aptes à contracter une nouvelle dette pour faire face à un ralentissement économique.

Bien ! Revenons donc à l'effet de levier avant de clôturer ce sujet que j'ai estimé devoir vous partager de par son importance capitale si l'on veut être un Gagnant de la Dette.

<u>Comment calculer l'effet de levier</u> ?

Il existe plusieurs manières de calculer l'effet de levier. Une des plus simples consiste à **rapporter le montant de l'investissement aux capitaux propres**. Rappelons que le capital propre désigne les ressources financières d'une entreprise sans les dettes. Il s'agit du capital social de départ, des réserves et le report à nouveau (les bénéfices antérieurs non, distribués).

Effet de levier = montant de l'investissement / capitaux propres

Une autre méthode de calcul prend en compte les dettes à long terme (E), les capitaux propres (P), la rentabilité de l'entreprise (e) et le taux d'intérêt (i). La formule sera la suivante :

$$Levier = (e-i) \times E/P$$

Je sais ce que vous vous dites. Je suis quelque peu en train de corser le niveau avec toutes ces formules ; mais je vous exhorte à suivre ces quelques règles qui vous seront d'une grande utilité.

Il est aisé dans cette formule de voir que l'effet de levier dépend du différentiel entre la rentabilité de l'entreprise et les frais financiers.
Il est également possible de mesurer l'effet de l'endettement sur la rentabilité des capitaux propres investis. On parle alors de la **rentabilité financière** et de la **rentabilité économique**.

La première se calcule de la manière suivante :
Rentabilité financière = (résultat d'exploitation - impôts sur les bénéfices - intérêts versés aux dettes financières) / capitaux propres
En comptabilité anglo-saxonne, ce ratio correspond au « Return on equity » ou « ROE ».

La rentabilité économique traduit, quant à elle, l'efficacité économique de l'entreprise et se calcule de la manière suivante :

Rentabilité économique = (résultat d'exploitation - impôts sur les bénéfices) / capitaux engagés (ou actif économique)

Et Capitaux engagés = capitaux propres + dettes

L'effet de levier sera donc obtenu par la formule suivante :

Effet de levier = rentabilité financière - rentabilité économique

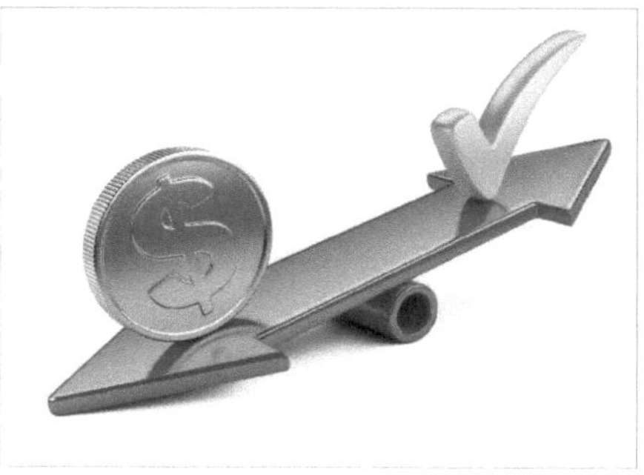

CONCLUSION

Chers lecteurs, je vous félicite d'avoir parcouru cette œuvre littéraire et scientifique qui est destinée à vous offrir les rudiments nécessaires pour affronter les dettes et passer d'une situation de captivité à une situation de pleine domination sur le crédit.

En tant qu'Africain, je suis naturellement croyant.
Je crois en l'existence d'un Dieu bon, bienveillant, omniscient et omnipotent. Je vous exhorte en conséquence à confier votre plan de redressement de vos finances ci-dessus exposé à sa clémence afin qu'aucun événement imprévisible et irrésistible ne vienne bouleverser votre processus de sortie de crise.

Que cet ouvrage soit pour vous, principalement vous qui êtes en situation de détresse financière (malendettement ou surendettement), un VADE-MECUM comme la Ventoline l'est pour l'asthmatique, la béquille pour le béquillard, la canne pour le vieillard, le smartphone pour l'influenceur…

Je vous laisse en annexes quelques pièces utiles et quelques modèles de lettres que vous pourrez adapter à votre guise pour solliciter un réaménagement de votre dette, consolider vos dettes, pour solliciter des informations sur vos comptes bancaires, pour solliciter des informations sur votre crédit et pour répondre à une demande de remboursement crédit.

Bon courage et Bonne Chance à chacune et à chacun.

ANNEXE

ANNEXE 1

PARTIE OFFICIELLE

2014 ACTES PRESIDENTIELS

PRESIDENCE DE LA REPUBLIQUE

DECRET n° 2014-370 du 18 juin 2014 relatif au régime de la quotité cessible et de la quotité saisissable.

LE PRESIDENT DE LA REPUBLIQUE,

Sur rapport conjoint du ministre auprès du Premier Ministre, chargé de l'Economie et des Finances, du ministre d'Etat, ministre de l'Emploi, des Affaires sociales et de la Formation professionnelle, du ministre de la Justice, des Droits de l'Homme et des Libertés publiques, du ministre de la Fonction publique et de la Réforme administrative et du ministre auprès du Premier Ministre, chargé du Budget,

Vu la Constitution ;

Vu l'acte uniforme portant organisation des procédures simplifiées de recouvrement et voies d'exécution ;

Vu la loi n° 92-570 du 11 septembre 1992 portant Statut général de la Fonction publique ;

Vu la loi n° 95-15 du 12 janvier 1995 portant Code du Travail, modifiée par la loi n° 97-400 du 11 janvier 1997;

Vu la loi n° 99-477 du 2 août 1999 portant Code de la Prévoyance sociale, modifiée par l'ordonnance n° 2000-484 du 12 juillet 2000, la loi n° 2005-557 du 2 décembre 2005 et l'ordonnance n° 2012-03 du 11 janvier 2012 ;

Vu l'ordonnance n°2012-303 du 4 avril 2012 portant organisation des régimes de pensions gérés par la Caisse générale de Retraite des Agents de l'Etat, en abrégé CGRAE ;

Vu le décret n° 93-607 du 2 juillet 1993 portant modalités communes d'application du Statut général de la Fonction publique ;

Vu le décret n° 2012-1118 du 21 novembre 2012 portant nomination du Premier Ministre, chef du Gouvernement ;

Vu le décret n° 2012-1119 du 22 novembre 2012 portant nomination des membres du Gouvernement, tel que modifié par les décrets n° 2013-505 du 25 juillet 2013, n° 2013-784, n° 2013-785, n° 2013-786 du 19 novembre 2013 et n° 2014-89 du 12 mars 2014 ;

Vu le décret n° 2013-506 du 25 juillet 2013 portant attributions des membres du Gouvernement, tel que modifié par le décret n° 2013-802 du 21 novembre 2013 ;

Vu le procès-verbal de la Commission consultative du travail du 6 mai 2014 ;

Le Conseil des ministres entendu,

DECRETE :

Article premier. — Le présent décret a pour objet de fixer la quotité cessible et la quotité saisissable.

Art. 2. — L'assiette servant au calcul de la quotité cessible ou de la quotité saisissable de la rémunération est constituée par le traitement mensuel, la solde mensuelle ou le salaire mensuel brut, y compris les accessoires, déduction faite :

— des taxes, impôts et prélèvements obligatoires retenus à la source ;

— des indemnités représentatives de frais ;

— des prestations, majorations et suppléments pour charge de famille ;

— des indemnités déclarées insaisissables par les textes en vigueur.

Art. 3. — Dans le cadre d'une saisie des rémunérations prévue par la législation en vigueur, le maximum de la quotité saisissable est égal à 33% de l'assiette définie à l'article 2 du présent décret.

Art. 4. — Dans le cadre d'un prêt consenti par une institution financière légalement agréée à sa clientèle ou d'une cession de rémunération d'un travailleur à son employeur, les quotités cessibles sont établies ainsi qu'il suit :

— du S.M.I.G ou S.M.A.G à 200.000 FCFA, le taux applicable est de 35% ;

— de 200.001 FCFA à 400.000 FCFA, le taux applicable est de 38 % ;

— de 400.001 FCFA à 600.000 FCFA, le taux applicable est de 42 % ;

— de 600.001 FCFA à 800.000 FCFA, le taux applicable est de 45% ;

— de 800.001 FCFA à 1.000.000 FCFA, le taux applicable est de 48 % ;

— de 1.000.001 FCFA à 1.500.000 FCFA, le taux applicable est de 52 % ;

— de 1.500.001 FCFA à 2.000.000 FCFA, le taux applicable est de 55 % ;

— au-delà de 2.000.000 FCFA, le taux applicable est de 57 %.

Les tranches ci-dessus prévues ne sont pas cumulables.

Art. 5. — La saisie des pensions de retraite gérées par la Caisse nationale de Prévoyance sociale est soumise à un taux de 33 % comme prévu à l'article 3 du présent décret.

Les prêts consentis par les institutions financières à leurs clients retraités dont les pensions sont gérées par la Caisse nationale de Prévoyance sociale sont soumis aux mêmes taux que ceux mentionnés à l'article précédent.

Art. 6. — La procédure de cession des rémunérations demeure soumise à la législation en vigueur.

Art. 7. — Le présent décret abroge toutes dispositions antérieures contraires, notamment le décret n° 67-73 du 9 février 1967 portant codification des dispositions réglementaires prises en application du titre IV « du salaire » de la loi n°64-290 du 1er août 1964 portant Code du Travail.

Art. 8. — Le ministre auprès du Premier Ministre, chargé de l'Economie et des Finances, le ministre d'Etat, ministre de l'Emploi, des Affaires sociales et de la Formation professionnelle, le ministre de la Justice, des Droits de l'Homme et des Libertés publiques, le ministre de la Fonction publique et de la Réforme administrative et le ministre auprès du Premier Ministre, chargé du Budget assurent, chacun en ce qui le concerne, l'exécution du présent décret qui sera publié au *Journal officiel* de la République de Côte d'Ivoire.

Fait à Abidjan, le 18 juin 2014.

ANNEXE 2

Modèle de lettre de demande de rachat de crédit

Objet : Demande de rachat de crédit

Madame, Monsieur,

Je vous saurai gré de bien vouloir m'accorder le rachat de ma dette en vos livres à hauteur du montant en capital restant dû pour une nouvelle durée de cinq (05) années, dans le but d'alléger ma charge de remboursement.

Sauf erreur ou omission de ma part, je vous suis redevable à ce jour, au regard de mon tableau d'amortissement, de la somme de xxxxxxx Francs CFA en capital.

En m'accordant cette restructuration, vous me permettrez de réduire mon échéance mensuelle et de disposer d'un meilleur reste à vivre.

A présent, vous voudriez bien, si ma requête rencontre votre avis favorable, m'indiquer les pièces à vous fournir et aussi me tenir l'« offre préalable » précisant les conditions financières de ce rachat.

Je vous remercie grandement pour vos bons soins et reste en attente de vous lire.

Meilleures salutations !

ANNEXE 3

Modèle de lettre de demande de consolidation des dettes

Objet : Demande de consolidation des dettes

Madame, Monsieur,

Je vous saurai gré de bien vouloir m'accorder la consolidation en vos livres de mes dettes, portées à hauteur de xxxxxxx Francs CFA en capital, en vue d'obtenir une échéance unique, une durée unique de cinq (05) années et un taux d'intérêt unique, dans le but d'alléger ma charge de remboursement.

Je cumule à ce jour trois (03) dettes détaillées comme suit, au regard de mes tableaux d'amortissement :

- *Dette 1 : xxxxxxx Francs CFA en capital*
- *Dette 2 : xxxxxxx Francs CFA en capital*
- *Dette 3 : xxxxxxx Francs CFA en capital*

En m'accordant cette restructuration, vous me permettrez de réduire mon échéance mensuelle et de disposer d'un meilleur reste à vivre.

A présent, vous voudriez bien, si ma requête rencontre votre avis favorable, m'indiquer les pièces à vous fournir et aussi me tenir l'« offre préalable » précisant les conditions financières de cette consolidation.

Je vous suis reconnaissant par avance pour vos bons soins à venir et suis en attente de vous lire.

Meilleures salutations !

ANNEXE 4

Modèle de lettre de demande d'informations sur ses comptes bancaires

Objet : Demande d'informations

Madame, Monsieur,

Je fais suite à la revue de mon relevé de compte du mois de xxxxx 2023, reçu par voie de courriel, et vous saurai gré de bien vouloir me détailler les opérations débitrices suivantes :

- *Libellé – Date -xxxxx Francs CFA ;*
- *Libellé – Date -xxxxx Francs CFA ;*
- *Libellé – Date -xxxxx Francs CFA.*

Qu'il vous plaise de m'indiquer les taux appliqués, les méthodes de calcul considérées et toute variable ou indicateur devant me permettre de déterminer manuellement les résultats inscrits sur mon livre de compte.

Je vous suis reconnaissant pour vos bons soins à venir et suis en attente de vous lire.

Meilleures salutations !

ANNEXE 5

Modèle de lettre de demande d'informations avant de signer un contrat de crédit bancaire

Objet : Demande d'informations

Madame, Monsieur,

Je fais suite à votre notification de décision favorable suivant ma demande de crédit et vous en suis bien reconnaissant.

Je souhaiterais, afin de mieux apprécier la charge financière qui sera mienne ainsi que le coût du crédit, que vous me communiquiez les informations suivantes :

- *Le montant total des frais, commissions et taxes qui me seront prélevés lors de la mise en place du crédit ;*
- *Le montant total des frais de formalisation des actes de crédit et de garantie ;*
- *Le Taux Annuel Effectif Global [(montant total à rembourser – montant du prêt) / montant du prêt] x nombre total de mensualités]*
- *Le coût total du crédit (total mensualités + frais – montant emprunté)*
- *Le tableau d'amortissement afférent au crédit.*

Je vous suis reconnaissant pour vos bons soins à venir et suis en attente de vous lire.

Meilleures salutations !

ANNEXE 6

Modèle de lettre de réponse suite à mise en demeure de payer adressée à un débiteur surendetté pour cause de perte d'emploi (non couverte par l'assurance)

Objet : Accusé de réception

Madame, Monsieur,

J'accuse bonne réception de votre lettre portant mise en demeure d'avoir à vous régler intégralement la somme de xxxx Francs CFA, dans un délai de huit (08) jours sous peine d'avoir à être poursuivi.e devant les instances judiciaires.

Je puis vous assurer de mes efforts continuels en vue de vous couvrir des sommes dues.

Cependant, le délai imparti de huit (08) jours, ne pourra être tenu eu égard à ma situation d'indigence actuelle, laquelle n'est aucunement irrémédiable.

Initier une procédure contentieuse à mon encontre viendrait inéluctablement alourdir ma dette et ainsi réduire mes chances de vous régler promptement.

Devenu subitement surendetté.e pour cause de licenciement, je vous propose vivement que mon compte courant fasse l'objet d'arrêt définitif, que ma dette en capital et intérêts soit désormais figée en attendant un retour à meilleure fortune, afin de ne pas aggraver ma situation d'endettement.

A toute fin utile, je vous joins mon Certificat de chômage délivré par la Caisse de Prévoyance.

Je vous suis reconnaissant pour vos bons soins à venir en espérant que ma requête recevra un accueil favorable.

Meilleures salutations !

TABLE DES MATIERES

Printed by Books on Demand GmbH, Norderstedt / Germany